Merle Kremp-Orschulik

FAMILIE AUF REISE

Papier aus verantwortungsvollen Quellen
Paper from responsible sources
FSC® C105338

1. Auflage Mai 2024

Veröffentlicht im Trabanten Verlag
Berlin, Mai 2024

ISBN: 978-3-98697-060-4

www.trabantenverlag.de

Merle Kremp-Orschulik

FAMILIE AUF REISE

Zu fünft unterwegs im Dachzelt-Minicamper

TRABANTEN

Für Carlotta, Mathilde und Casper

Inhalt

Oh du schönes Schweden

Die letzten Kilometer sind geschafft. Wir biegen in einen kleinen Waldweg ein und fahren auf eine Lichtung an einem See, mitten in Schweden. Wir steigen aus, atmen tief die klare und kühle Luft ein und können unser Glück kaum fassen. Endlich angekommen, nachdem wir stundenlang einen freien Stellplatz gesucht haben, an dem nicht schon vier Camper nah aneinander stehen. An dem nicht schon diverse Grills rauchen. Und an dem nicht schon jeder Platz am See mit einem Handtuch reserviert ist. So ist das also. Wildcampen in Schweden. Irgendwie hatte ich es mir leichter vorgestellt. Einen perfekten Platz zu finden, kann doch nicht so schwierig sein. Ich habe mich vorher lang und breit informiert, die besten Tipps und Tricks der bekanntesten Vanlife-Familien in diversen Ordnern auf meinem Desktop gespeichert. Habe jede Story auf Instagram verfolgt und ungefähr 27 Stunden an Videomaterial auf YouTube gesichtet. Vielleicht hatten wir einfach Pech. Vielleicht war es nicht die richtige Zeit oder einfach zu gutes Wetter. Aber das spielt jetzt keine Rolle mehr. Wir parken das Auto, öffnen in Windeseile unser Dachzelt und ein Schwarm Mücken macht sich über uns her. Mücken, an einem See in Schweden? Mückenspray. Mist! Ich wusste doch, dass ich irgendetwas vergessen habe. Während Arne versucht unsere Markise mit Heringen im steinharten Boden zu befestigen, wir haben selbstverständlich keinen Hammer dabei, versuche ich die Mücken mit hektischem Wedeln zu verscheuchen und sie davon abzuhalten, uns und die Kinder aufzufressen. Ich bin ehrlich, diese Methode kann ich nicht weiterempfehlen, denn sie beeindruckt blutrünstige schwedische Mücken, die mehr mit einem Berserker gemein haben als mit einem Insekt, in den wenigsten Fällen. Trotzdem steht irgendwann unser Camp und wir haben es geschafft. Yeah! Ein Kribbeln steigt mir in den Bauch und ich schließe die Augen, weil ich so erleichtert bin, dass wir nach der langen und anstrengenden Fahrt endlich angekommen sind. Dreizehn Stunden von Hamburg, über Dänemark nach Schweden. Kein Schlaf, keine langen Pausen. Der Urlaub kann beginnen. Hinter mir öffnet sich mit einem lauten „Rumms“ eine Autotür und heraus stapft meine 4-jährige Tochter, die gerade aus dem Mittagsschlaf erwacht ist. Die Haare zerzaust und ihr zerknittertes Prinzessinenkleid, auf dass sie auch in Schweden nicht verzichten wollte, glatt streichend öffnet sie den Mund und es bricht ein genervtes „Mir ist langweilig und ich muss auf die Toilette“ aus ihr heraus. Das Kribbeln in meinem Bauch verschwindet in Sekundenschnelle und ich sage, dass es hier keine Toilette gibt und zeige ihr, wie man das eben in der „Wildnis“ macht. Die Begeisterung meiner Tochter hält sich in Grenzen, aber immerhin ist ein Problem gelöst. Und auch, wenn es hier kein Klohäuschen gibt, zahlen wir einen Preis für unseren Toilettengang. Die Währung heißt Mückenstiche. Da schießt es mir wieder in den Kopf: Mückenspray. Wie konnten wir so etwas Wichtiges vergessen? Den ersten Tag verbringen wir damit, unser Camp fein säuberlich aufzubauen und merken, dass wir nicht nur das Spray vergessen haben, sondern auch diverse andere Dinge wie einen Gummihammer, ausreichend Windeln für die Nacht, genug frisches Wasser... Die Liste lässt sich beinahe endlos weiterführen. Arnes Kommentar dazu? „Puh, ich war möglicherweise doch schon länger nicht mehr campen...".

Wir verbringen noch ein paar weitere Tage in Schweden, aber so richtig kommen wir nicht an. Nachdem wir uns nach ein paar Tagen auf verschiedenen Stellplätzen an Seen, die wir uns selbst auf Landkarten und Google Maps herausgesucht haben, um frei und unabhängig zu sein, dazu entschließen auf einen Campingplatz zu fahren, damit wir mal heiß duschen und Wäsche waschen können, merken wir, dass das so einiges entzerrt. Hier gibt es meist einen kleinen Spielplatz, eine Waschmaschine und warmes Wasser. Direkt an einem wunderschönen See. Herrlich. Die Kinder lernen andere Kinder kennen, spielen, sind nicht ständig auf ihre Fantasie und unser Animationsprogramm angewiesen und wir können zwischendurch etwas durchatmen. Wir haben uns das alles vor Beginn der Reise wilder und abenteuerlicher vorgestellt. In unseren Köpfen sitzen wir entspannt am Ufer eines Sees, genießen den Sonnenuntergang und erleben das, was Petersson und Findus erlebten, als sie den größten Hecht der Welt an der Flitzbogenwurfangel hatten. Wir haben nicht darüber nachgedacht, dass unsere Kinder gerne ein Programm haben, sie aus unserem Leben in Deutschland gewohnt sind, andere Kinder um sich zu haben und sich gemeinsam in den Sandkasten setzen können, wenn die Schaukel gerade langweilig geworden ist. An dieser Stelle, auf die Gefahr hin mich zu wiederholen, nochmal der Hinweis auf die Mücken, die mit jedem Tag größer, wütender und stechbereiter wurden. Ich bin mir im Nachhinein ziemlich sicher, dass einige von ihnen die Größe ausgewachsener Wachteln hatten.

Wir hätten vorher aufhören müssen, zu träumen und realistischer an das Ganze herangehen sollen. Denn eines hat Schweden uns gelehrt. In Zukunft müssen wir vieles anders machen…

Warum überhaupt Camping?

Wenn es anfangs nach mir gegangen wäre, hätten wir das Thema Camping gerne aus unserem Leben streichen können. Wir hätten nicht drüber gesprochen und nicht darüber nachgedacht. Camping hätte in meiner Welt nicht existiert. Schöne Hotels in warmen und sonnigen Gegenden, ein leckerer Cocktail am Strand und ein umfangreiches Buffet am Abend hätten mir völlig gereicht. Arne war nie wirklich ein Fan davon und eher gestresst von dieser Art Urlaub. Er flog zwar ohne Murren und Knurren mit uns, aber betonte danach doch immer wieder, dass es ein Urlaub in der Nähe auch getan hätte. Wofür muss man um die halbe Welt fliegen, den Stress am Flughafen mit den Kindern und den Koffern auf sich nehmen, ewig an Sicherheitskontrollen warten und die Enge des Flugzeuges ertragen, nur um dann mit 2000 anderen Personen in einem Klotz aus Beton zehn Tage lang die ewig gleiche Routine zu durchleben? Gleichzeitig schlug er oft vor, doch einfach zelten zu gehen. Zelten? In einem Zelt auf dem Boden? Nicht mit mir! Ich erinnere mich an mein erstes Zeltlager. Ich muss ungefähr acht Jahre alt gewesen sein. Wir übernachteten im Rahmen einer Ferienfreizeit, auf einem Fußballfeld, und es war ein toller Tag mit einem spannenden Film am Lagerfeuer als Abschluss. Irgendwann ging es für mich und die anderen ins Zelt, um zu schlafen. Wenn ich gewusst hätte, was mich am nächsten Morgen erwartet, hätte ich das Zelt nie betreten.

Ich wachte morgens auf und war nicht mehr allein in meinem Schlafsack. Das lag nicht daran, dass sich eine Freundin zu mir gelegt hatte, weil es zu kalt war, sondern weil ungefähr neun Nacktschnecken beschlossen hatten, dass gerade mein Schlafsack der optimale Ort war, um eine Schnecken-Swingerparty zu feiern. Um fair zu bleiben, es waren wahrscheinlich keine neun Schnecken, sondern drei, aber bei der Aufzählung von Nacktschnecken im eigenen Schlafsack ist jede Zahl über Null deutlich über meiner Komfortzone. Ich bin mir bis heute nicht sicher, ob ich zu dramatisch klinge, wenn ich immer wieder betone, wie traumatisierend dieses erste Camping-Ereignis und die Schnecken-Menage-a-trois in meinem Zelt für mich war, aber mit Camping brauchte mir die nächsten Jahre wirklich keiner mehr anzukommen.

Mit 14 Jahren kam ich das erste Mal wieder mit dem Thema in Kontakt. Die Familie meiner Freundin nahm mich mit in den Italienurlaub. Mit ihrem Vater und deren Wohnmobil. Ein gemütliches Auto mit einem warmen Bett. Wir hatten eine wundervolle Zeit auf einem riesigen, überfüllten 5-Sterne-Platz in Italien, lernten viele nette Teenies kennen und hatten eine tolle Zeit. Ich fand es mega aufregend, jeden Abend im Camper zu übernachten, cool morgens direkt am Meer aufzuwachen und trotzdem in einem Pool schwimmen zu können. Falls es euch noch nicht aufgefallen ist, Salzwasserfische und Nacktschnecken haben eine frappierende Ähnlichkeit, wenn es um den Grad der „Glibbschigkeit“ geht. Ich war also froh, dass ich der ganzen Sache noch einmal eine Chance gegeben habe. Gleichzeitig noch glücklicher darüber, dass wir hier nicht in einem Zelt auf dem Boden schlafen mussten und ich in Italien keine einzige Schnecke traf.

Als ich erwachsen wurde, kauften sich immer mehr Menschen um mich herum einen alten VW Bulli oder andere Vans. Das fand ich ziemlich cool und konnte es mir für uns sehr gut vorstellen. Auf Social Media folgte ich einigen interessanten Vanlife-Profilen und bekam immer mehr Lust auf ein Auto, mit dem ich wochenlang die Welt bereisen könnte. Einen schicken alten Van mit einer eigenen Matratze. Das nötige Kleingeld für so eine Investition hatten wir allerdings nicht, Arne noch immer im Studium und wir als frischgebackene Eltern. Also fiel dieser Wunschtraum immer wieder hintenüber.

Irgendwann surfte ich mal wieder abends im Internet und auf Social Media. Ich sah zum allerersten Mal ein Dachzelt. Mein erster Gedanke war, dass das ja wirklich eine gute Sache ist. Ein Zelt, das den Boden nicht berührt, direkt auf meinem Auto ist und, das ist das mit Abstand wichtigste an der Sache, 100% schneckensicher ist. Als ich Arne, völlig euphorisiert, das Dachzelt zum ersten Mal zeigte, war er weitaus weniger begeistert, als ich angenommen hatte. Man kann doch auch auf dem Boden zelten, was soll der ganze Quatsch mit einem Zelt auf dem Auto, das würde den Verbrauch des Autos doch nur nach oben treiben, sei viel zu teuer und überhaupt könnte ich über diese Schneckengeschichte doch endlich hinwegkommen. Schnecken hier, Finanzen da, also erstmal kein Campingerlebnis einen Meter über dem Meeresspiegel.

Wie wir auf Reisen leben wollen

Da Arne meine Idee vom Dachzelt ja erstmal komplett abgelehnt hatte, verwarf ich das Thema wieder. Irgendwann fragten seine Geschwister, ob wir nicht mit ihnen am Wochenende zelten gehen wollen. Arnes gesamte Geschwisterschaft gehörte zu jenen coolen Menschen, die sich schon vor Jahren einen T4 oder T3 oder T1000 oder wie auch immer, gekauft hatten und damit um die Erde tingelten. Ob Südamerika oder Island, Skandinavien oder Nordafrika, sie machten Urlaub grundsätzlich in ihren megacoolen, supertrendigen Bussen. Ob ich das auch wollte? Vielleicht.

Natürlich wollten wir mitfahren. Ein verlängertes Wochenende mit seiner Familie, mit der ich sehr gerne meine Zeit verbringe, ist etwas Schönes und ich freute mich sehr darauf. Aber wo sollten wir schlafen?

Da kam sie wieder, meine Idee vom praktischen Dachzelt auf unserem kleinen Auto. Ich suchte im Internet nach einer Möglichkeit ein Zelt dieser Art zu mieten und fand relativ schnell einen Menschen, der sein Dachzelt verleiht und auch bei der Montage auf dem Auto helfen würde. Ohne Arne nochmal zu fragen, mietete ich für das Wochenende besagtes Dachzelt und stellte ihn somit vor vollendete Tatsachen. Ein bisschen Bammel hatte ich schon, weil er anfangs sehr ablehnend dem Ganzen gegenüber war und es maximal unnötig fand, aus einem Campingtrip etwas Hochtrabendes zu machen. Als ich ihm den ganzen Tag Honig um den Mund schmierte, um ihm dann abends zu eröffnen, dass wir uns in fünf Tagen mit einem Andi, den ich über eBay Kleinanzeigen gefunden hatte, auf einem Parkplatz im Industriegebiet treffen würden, um ein Dachzelt von seinem auf unser Auto zu montieren, schüttelte er nur den Kopf und murmelte etwas von wegen: „Was ist denn gegen das gute alte Zelt einzuwenden…?“ Ich hatte mit deutlich mehr Gegenwind gerechnet, mich mit allerlei guten Argumenten für den kommenden Streit gewappnet, aber anscheinend hatte er keine Kraft dazu. Vielleicht mochte er die Idee insgeheim und wollte das im ersten Moment nicht zugeben.

Fünf Tage später fuhr er zum besagten Parkplatz und montierte mit dem fremden Mann ein Dachzelt der Marke „Maggiolina“ für zwei Personen auf unserem kleinen Auto. Die Liegefläche betrug 140cm × 200cm und eigentlich dürfte es kein Problem sein, dort mit zwei kleinen Kindern drei Nächte zu verbringen und zu schlafen.

Gemeinsam mit seinen Geschwistern und deren Partnern fuhren wir zum Campen, es war toll und gemütlich. Wir bauten uns eine kleine Wagenburg aus den Vans und unserem Auto inklusive Dachzelt. Am Abend kletterten wir die Leiter nach oben, öffneten den Reißverschluss und ich schlief das erste Mal auf dem Dach unseres Autos. Auf einer Matratze, mit einem richtigen Matratzenbezug, Kissen und Decken unter dem Schein einer kleinen Lichterkette, die ich mitgenommen hatte.

Es. War. Herrlich. Mir war warm und kuschelig zumute, ich freute mich, bei meinen Kindern und bei Arne zu sein.

Obwohl es sich einerseits fast wie in unserem Bett zu Hause anfühlte, war es doch ganz anders. Wir hatten den Geruch von Zelt und Camping in unseren Nasen, hörten die Geräusche vom See in der Nähe, gedämpft durch den Stoff des Zeltes und waren ganze 140cm entfernt von allen Schnecken und anderen krabbelnden Tieren. Gott sei Dank!

Das Wochenende ging viel zu schnell vorbei und ich dachte, dass es das jetzt wäre. Die Entscheidung, dass wir uns ein Dachzelt kaufen, ist getroffen. Nichts da. Er fand es großartig, aber Zelten auf dem Boden sei genauso toll und man hätte ja viel mehr Platz und zusätzlichen Stauraum. Ich hatte die Schnauze gestrichen voll. Aufgeben wollte ich trotzdem nicht. Ich hatte Blut geleckt an diesem Wochenende mit seinen Geschwistern. Das erste Mal in meinem Leben hat mir das Übernachten in einem Zelt riesigen Spaß gemacht und ich habe mich wohl gefühlt mit meiner Familie. Camping mit Kindern war so entspannt und entschleunigend. So ganz anders als das, was ich mir in meinem Kopf ausgemalt hatte und anders als das, was ich bisher in Hotels und Ferienwohnungen erlebte. Dann noch in einem komfortablen Bett, das weit vom Boden entfernt ist. Ein Traum!

Ich entschloss mich dazu, Arne entgegenzukommen und schlug ein paar Wochen später vor, dass wir uns das große Zelt seiner Eltern leihen und übers Wochenende auf den gleichen Campingplatz in der Nähe von Hamburg fahren. Schon beim Aufbau des riesigen Zeltes fluchte er leise und kaum hörbar vor sich hin, ließ sich seine schlechte Laune und den Stress des

Aufbauens aber nicht anmerken. Nichts passte so richtig, die Stangen waren alt und rutschten immer wieder auseinander. Der Boden war noch leicht feucht vom Tau des Morgens und Arne bemühte sich, dass die Plane und das Innenzelt trocken blieben. Er rief mir und den Kindern immer wieder Anweisungen zu, gab das allerdings schnell auf und schickte uns los, ein Eis zu kaufen, als die Kinder immer ungeduldiger wurden. Auf dem Weg zum Kiosk fing es plötzlich leicht zu tröpfeln an und 5 Minuten später ergoss sich ein Regen über dem Campingplatz. Mathilde, Carlotta und ich saßen zu dem Zeitpunkt unter einem Sonnenschirm und aßen unser Eis. Und Arne? Der baute weiter das Zelt seiner Eltern auf. Kurz hatte ich das Gefühl, dass der Gott des Campings, Zeus oder Jupiter oder vielleicht auch Petrus, mir von oben zuzwinkerte. Als der Regen vorbei war, kehrten wir zurück zu unserem Platz, das Zelt stand und war, so viel muss ich Arne zugestehen, innen trocken und recht gemütlich eingerichtet. Er hatte die große Luftmatratze aufgeblasen, mit der Hand, ein Bettlaken drübergezogen, das sich alle paar Minuten an einer Ecke löste, zwei Bettdecken und zwei Kissen hübsch drapiert. Ich sparte mir ein „Das hätten wir auch anders haben können" und entschied mich lieber für das „Oh super, das hat doch gut geklappt!" Er hatte das Dachzelt mit mir ausprobiert und jetzt wollte ich seinem Wunsch mit dem Zelt eine ehrliche Chance geben.

Den Tag über hatte es aufgehört zu regnen und wir konnten an den See gehen, sogar ein wenig baden, grillen und gemütlich draußen sitzen. Doch, als es Abend wurde und die Sonne verschwand, wurde es kalt. Die Temperaturen rutschten in den einstelligen Bereich, wir hatten keine Lust mehr draußen zu sitzen und legten uns ins Zelt zu den Kindern, um zu schlafen. So weit so gut. Leider war es im Zelt so kalt, dass wir die Nacht damit verbrachten, die Kinder immer wieder zuzudecken, damit keines unterkühlte. Wir wachten alle zwanzig Minuten auf, um zu checken, ob die Kinder vollständig bedeckt waren, denn wir hatten nur unsere Bettdecken und keine Schlafsäcke dabei. Das führte dazu, dass wir kaum schliefen, Arne den Großteil seiner Decke an uns abtrat und irgendwie versuchte, nicht in die Ritze zwischen Matratze und Zeltplane zu rutschen.

Morgens um 5 Uhr, nach soliden drei Stunden unruhigem Schlaf wurden wir wach. Das Zelt war nass, die Decken waren nass und Arne war nass. Klitschnass. Er hatte die ganze Nacht über immer wieder mit seinem Körper gegen die Zeltwand gedrückt, wodurch die Feuchtigkeit in das Zeltinnere eingedrungen war und vor nichts und niemandem Halt gemacht hatte. Als ob das noch nicht genug gewesen wäre, erwischte ich ihn direkt nach dem Aufstehen dabei, wie er zwei Schnecken, zugegeben, es waren welche mit Haus, aus dem Zelt entfernte. Die Stimmung war schlecht. Die Kids waren zwar gut drauf, freuten sich ihres Lebens direkt aus dem Zelt auf den Spielplatz zu hüpfen, aber Arne und mir war bitterkalt, wir mussten uns darum kümmern, unsere Klamotten, Stühle und Tisch zu trocknen und das Frühstück vorzubereiten. Kaffee? Fehlanzeige. Spiegeleier, die Arne so sehr liebt? Fehlanzeige.

Wir blieben noch einen Tag und eine Nacht. Arne ist, was solche Dinge angeht, eher stur und ehrgeizig, gerade wenn es ihm darum geht, etwas zu beweisen und er kämpfte sich durch eine zweite kalte und nasse Nacht. Am Sonntagmorgen, dem Tag unserer Abfahrt, stellte er dann aber möglicherweise einen Rekord im Abbau eines Zeltes auf. Kaum war ich mit den Kindern wieder vom Kiosk an unserem Platz, ich hatte mich entschieden, doch noch für einen Kaffee zu sorgen, war das Zelt samt Tisch, Stühlen, Matratze und Gepäck im Auto und wir waren abfahrbereit. Den Kaffee trank Arne im Auto. Bei eingeschalteter Heizung.

Zu Hause angekommen, dachte ich, dass wir uns erstmal kurz aufs Sofa legen können. Mathilde macht einen Mittagsschlaf, Carlotta kann zu einer Freundin weiter oben im Haus und wir können uns schön vor den Fernseher legen und ausruhen. Pustekuchen. Als Mathilde schlief, war Carlotta schon weg und ich legte mich wie selbstverständlich auf das Sofa. Da ging die Wohnungstür auf und Arne kam mit dem Zelt und der Matratze rein, „Das müssen wir erst noch trocknen, bevor es anfängt zu gammeln.“. Das riesige Zelt trocknen? In unserer Wohnung? In unserer Wohnung mit rund $70m^2$? Ich verwarf die Idee mit dem Sofa schnell, denn darauf war kein Platz mehr, nachdem wir das Zelt im Wohnzimmer ausgelegt hatten.

Ich sagte nichts dazu und half schweigend mit. Arnes Laune bewegte sich Richtung Tiefpunkt, aber ich war innerlich, ich gebe es zu, ein wenig schadenfroh. Das Thema Zelt hatte sich hiermit von allein erledigt. Nun ja, fast von allein. Ein wenig Hilfe bekam ich wohl vom Campinggott.

Zwei Wochen später machten wir uns auf den Weg zu Arnes Eltern, um das Zelt zurückzubringen. Das war das erste Mal seit unserem Kurztrip, dass wir wieder auf das Thema Camping zu sprechen kamen. Arne eröffnete so: Ein Zelt sei eine super Sache, man wäre so nah dran an der Natur und insgesamt habe ja alles gut geklappt, aber so ein Zelt zum Kurbeln oder Aufklappen sei, in Anbetracht der Kinder, natürlich sehr komfortabel, was den Stress beim Aufbau angehe.

Jaja, alles hat sehr gut funktioniert an diesem Wochenende. Ich wusste, dass jetzt der richtige Zeitpunkt gekommen war. Meine Geduld hatte sich ausgezahlt und wie Harry Potter, als er den Felix Felicitas nahm, wusste ich, wenn ich jetzt die Frage stelle, kann nichts schiefgehen: „Und, sollen wir uns ein Dachzelt kaufen?“

Er sagte nichts, das hatte ich auch nicht erwartet, aber ich beobachtete ihn. Mit zusammengebissenen Zähnen nickte er leicht.

So ist es immer zwischen uns. Bloß nicht zu viel Begeisterung. Ich schrie auf, sprang während der Fahrt fast auf ihn drauf, knutschte ihn ab und schnappte mir im gleichen Atemzug mein Telefon, um alles über Dachzelte zu recherchieren. Welches ist das Beste auf dem Markt, welche Preisunterschiede gibt es, muss ich etwas bei der Personenanzahl beachten, wie dick ist die Matratze und so weiter und so fort. Wir übernachteten bei Arnes Eltern, doch ich schlief nicht.

Nicht weil es kalt oder nass war wie im Zelt, sondern weil ich aufgeregt war wie ein kleines Kind vor Weihnachten. Die ganze Nacht saß ich da, las und las. Trat Gruppen auf Facebook bei, folgte Dachzelt-Profilen auf Instagram und wurde ein kleiner Profi. Der Dachzelt-Nomade in mir war geweckt. Am Morgen wusste ich auf was wir beim Kauf achten müssen, und hatte ein genaues Bild von dem vor Augen, was bald das Dach unseres Autos zieren würde.

Jetzt brauchte ich nur noch jemanden, der mir ein Dachzelt verkaufte. Ich recherchierte weiter, bis ich einen Anbieter für Dachzelte in Hamburg fand, der nicht nur eine große Auswahl anbot, fast alle mit Hartschale, sondern auch sympathisch war. Direkt am Montagmorgen rief ich dort an, vereinbarte einen Termin und schon wenige Tage später standen Arne und ich vor einer kleinen Lagerhalle, die gefüllt war mit Minicampern und Dachzelten. Für uns war es wundervoll. Wir hatten eine neue Idee, einen neuen Plan und alles, was wir dafür brauchten, stand dort vor uns. Der Geruch von Neuem und Abenteuer lag in der Luft. Wir kletterten in einige Dachzelte, lagen Probe auf unterschiedlichen Matratzen, öffneten und schlossen, kurbelten und klappten an allen möglichen Modellen. Währenddessen versorgte uns der Verkäufer unentwegt mit neuen Informationen zu diesen schönen Autodachbehausungen. Durch die positiven Erfahrungen, die wir mit dem geliehenen Zelt machten, gingen wir davon aus, dass wir bei genau bei diesem Dachzelt landen würden. Was wir allerdings nicht wussten, ist, dass dieses Modell aus einem Material gefertigt wird, das später nicht recyclebar ist, sondern sein Ende im Sondermüll finden wird. Somit schied diese Option aus. Kurzfristig waren wir enttäuscht. Das hielt allerdings nicht lange an, denn es gab unzählige andere Varianten von Dachzelten und es war ein schönes Gefühl, ein völlig anderes Modell auszuprobieren.

Schlussendlich zeigte uns der Händler ein Modell von Horntools, welches an der kurzen Seite in einem Zug aufgeklappt werden kann und welches, zusammengeklappt, aussah wie eine flache, kleine Dachbox. Nicht höher als 10cm. Auch dieses Dachzelt setzte auf eine Hartschale und wir waren hin und weg. Arne verliebte sich in die stahlgraue Optik und die Unscheinbarkeit des Zeltes, ich war begeistert davon, dass in dieser kleinen Kiste genug Platz für einen Schlafplatz von 140cm × 200cm schlummerte. Der Auf- und Abbau dauerte knapp 60 Sekunden. Das war das Dachzelt, das wir gesucht hatten und wir schlugen zu.

Einer der für uns wichtigsten Punkte bei einem Dachzelt war und ist, dass wir so wenig wie möglich Zeit mit dem Aufbau unseres Nachtlagers verbringen und dadurch mehr Zeit haben für die wichtigen Dinge, also die lieben, aber unter Umständen ungeduldigen Kinder. In vergangenen Urlauben und auch bei unserem desaströsen Zeltausflug haben wir gelernt, dass die Kids vor einem Urlaub immer enorm aufgeregt sind. Das schlägt sich bei uns in Ungeduld, Stimmungsschwankungen, einer gewissen Lautstärke und kleinem bis großem Streitpotenzial nieder. Ein schnelles Ankommen und ein schneller

Aufbau können nicht schaden, um das aufzufangen.

An dieser Stelle sollte ich anmerken, dass wir uns zu diesem Zeitpunkt am Anfang der Pandemie befanden. Camping war plötzlich in aller Munde und absolut en Vogue, wir waren also auf eine mehrwöchige Wartezeit eingestellt und rechneten nicht damit, schon in diesem Sommer viele Ausflüge machen zu können. Der nette Händler belehrte uns, wie schon zuvor, eines Besseren. Für Arne gilt das Prinzip „Style follows function". Wir stellten keine Ansprüche an die Optik des Dachzeltes, viele Möglichkeiten hatten wir diesbezüglich eh nicht und so konnten wir schon zwei Wochen später das Dachzelt abholen kommen.

Das Abenteuer Dachzelt konnte endlich beginnen!

Einen wundervollen Sommer lang reisten wir mit unserem geliebten Dachzelt durch Norddeutschland. Zu viert, oben auf dem Dach unseres kleinen Opels, hatten wir eine fantastische Zeit und genossen es, völlig unabhängig reisen zu können. Wir mussten keine Abfahrt- oder Abflugtermine einhalten, hatten alles, was wir brauchten im Koffer- oder Fußraum. Es war herrlich. Oft fuhren wir früh morgens los und kamen gemeinsam mit der Sonne auf den Zeltplätzen an. Bauten ohne Hektik das Dachzelt auf und verbrachten ein Wochenende am See oder im Wald.

Doch je länger die Ausflüge wurden, desto stärker stellten wir fest, dass es sich zu viert zwar angenehm im Dachzelt schlafen lässt, der Platz im Auto allerdings begrenzt ist und das ein oder andere Mal ganz schön knapp wurde. Arne überlegte hin und her, informierte sich zu Konstruktionen für den Kofferraum, kaufte Eurokisten im Baumarkt (die verwenden wir heute noch), entfernte kurzfristig den Ersatzreifen (und baute ihn wieder ein nachdem ich das mitbekam) und kamen letztlich doch zu dem Ergebnis, dass wir ein neues Auto haben möchten. Natürlich brauchten wir dieses Auto nicht zwangsläufig, aber wir hatten uns mittlerweile so sehr in das Campen mit dem Dachzelt verliebt, dass es uns nur logisch erschien, dass auch das Auto dazu passen muss.

Und welches Auto passte? Ein gebrauchter, weißer VW Caddy Maxi. Solltet ihr jemals an einer Baustelle vorbeigefahren sein oder einen Heizungsmonteur zuhause gehabt haben, dann wisst ihr von welchem Auto ich spreche. Aber wie beim Dachzelt galt für uns auch beim Auto Arnes Grundsatz „Style follows function". Das Auto hatte alles, was wir uns wünschten. Viel Platz im Cockpit, zwei Sitzbänke hinten, von denen die hintere ausgebaut werden kann, damit der Kofferraum noch größer wird und Unmengen an Stauraum bietet. Eben ein richtiges Baustellen-Auto.

Kaum stand das neue Auto vor unserer Tür, kümmerte sich Arne darum, um jemanden, mit dem er das Dachzelt am kommenden Tag von Auto A auf Auto B heben konnte. Doch wie der Zufall es nun immer so will, surfte ich am Abend wieder einmal jobbedingt durchs Netz. Mein Algorithmus, mittlerweile völlig durchsetzt von Camping und Dachzelt, stieß mich auf die Seite eines Unternehmens, welches Dachzelte herstellt. Neugierig geworden durch die ersten Bilder, klickte ich mich durch die Homepage und fand ein Dachzelt, das so fantastisch aussah, dass ich von der ersten Sekunde an hin und weg war. Ein Hartschalenzelt, welches an der langen Seite aufgeklappt wird, dann noch ein kleines Stück nach außen aufklappt und somit eine Liegefläche von 240cm × 200cm offenbart. Ich glaubte meinen Augen nicht und war begeistert. An dieser Stelle war ich kurzfristig ein wenig schockiert von mir selbst. Ich konnte Arne das erste Mal wirklich verstehen, wenn er mit einer neuen fixen Idee oder einem neuen Hobby nach Hause kommt und tagelang von nichts anderem spricht und das mit einer Leidenschaft, die seinesgleichen sucht. Anscheinend hatte auch ich meine Passion gefunden.

Mehr Platz im Auto, mehr Platz im Dachzelt. Klar hat es bisher immer gut zu viert dort oben funktioniert, aber ein paar Zentimeter mehr schaden doch nicht? Und wenn wir ehrlich zu uns sind, dann war es doch immer etwas eng oder nicht?

Ich war extrem aufgeregt und rief Arne zu mir, weil er sich das Zelt unbedingt anschauen musste. Üblicherweise läuft das Szenario folgendermaßen ab: Ich zeige Arne etwas auf meinem Telefon, bei dem ich überzeugt bin, dass wir es unbedingt brauchen, er rollt mit den Augen und sagt etwas wie: „Merle, du kannst nicht immer irgendwas kaufen, weil du gerade glaubst, dass eine sich selbst erwärmende Sauciere unser Leben verändert.“ Dabei tippt er dann entweder sich selbst oder mir an die Stirn.

Überraschenderweise kam dieses Mal weder das Augenrollen noch bewegte sich sein Finger an seine, meine oder irgendjemand anderes Stirn. Im Gegenteil, er nahm das Telefon und verbrachte die nächsten 20 Minuten damit, aufmerksam alle Infos zu dem Dachzelt aufzusaugen. Ich wusste, hier habe ich etwas gefunden, für das wir beide die gleiche Leidenschaft entwickelt haben. Er gab mir das Telefon zurück und kommentierte: „Sieht schon ganz gut aus." Übersetzt in die Sprache anderer Menschen heißt das bei ihm so viel wie: „Super krass, noch nie so ein cooles Teil gesehen, lass unbedingt kaufen!" Damit war die Sache geritzt.

Ich heckte einen fantastischen Plan aus. Wir verkauften den Opel inklusive Dachzelt als Paket und von dem Geld kauften wir uns das neue Dachzelt. Gesagt, getan und ein paar Monate später fuhr ein riesiger LKW vor und ein kleiner Kran hob unser neues, großes Dachzelt von der Ladefläche herunter. Wir hatten einiges an Zubehör mitbestellt, da es gerade Rabatt gab und wir uns voll und ganz dem Thema widmen wollten. Wir wollten bestens vorbereitet sein für alle möglichen Wetterlagen und Umstände, die einem entspannten Urlaub entgegenstehen könnten. Als der LKW wegfuhr, stand ich da. Inmitten von sieben riesigen Kartons vor und in unserer Garage und dachte, dass wir das niemals ohne Hilfe auf unser Auto bekommen könnten. Doch schon ein paar Tage später war es soweit. Wir hatten Hilfe organisiert, Dachgepäckträger für den Caddy bestellt und montiert und konnten nun endlich unser neues zu Hause für unterwegs auf dem Dach des Autos montieren.

Da wir uns das Zelt nie vorher angeschaut hatten, war es wie ein kleines Blind Date und wir waren mehr als aufgeregt, als wir es das erste Mal öffneten und die sehr hohe Leiter hinaufstiegen. Oben angekommen, war das Gefühl grandios. So viel Platz und Fläche für uns als Familie. Selbst bei Regen könnten hier oben alle zusammensitzen und Spiele spielen. Der Wahnsinn. Wir konnten es kaum erwarten, das erste Mal mit unserem neuen zu Hause auf Rädern zu verreisen.

Wir verbrachten den nächsten Sommer mit unserem neuen Auto und Dachzelt und es war unglaublich schön! Wir hatten als Familie auf einmal so viel Platz, auch mit der dazu bestellten Ausstattung waren wir sehr zufrieden.

Im Winter nach diesem schönen Sommer testete ich etwas überraschend positiv, auch wenn wir uns gerade mitten in einer Pandemie befanden, rede ich hier nicht von einem Covid-Test. Ein drittes Kind machte sich auf den Weg zu uns! Einer meiner ersten Gedanken war, dass das ja bestimmt ziemlich eng zu fünft dort oben werden könnte, aber ich traute mich nicht, es anzusprechen, weil wir gerade erst davon ausgegangen waren, dass dies nun unsere endgültige Lösung sein würde. Ich wollte vermeiden, dass Arne wieder mit den Augen rollt und mir vorwirft, dass ich nie zufrieden bin und einfach gerne neue Sachen kaufe. Womit er eventuell auch manchmal Recht hat. In diesem Falle war es aber eine recht realistische Angst, denn der Platz würde irgendwann fehlen. Zum Glück hatten wir schon das passende Auto für drei Kinder. Ich schob den Gedanken schnell beiseite, sagte mir, dass Babys ja klein sind und wir im ersten Jahr kein Problem bekommen sollten dort oben.

Dann war das Baby irgendwann da und wir hatten das

große Glück, sechs Monate als Familie nur mit uns zu sein, da Arne Elternzeit nahm.

An einem regnerischen Wochenende besuchten wir aus Langweile spontan eine Outdoor- und Jagdmesse in Neumünster. Der Besuch war keineswegs geplant und auch hier denke ich im Nachhinein, dass der Campinggott vielleicht ein ganz kleines bisschen eingegriffen hat. Denn eigentlich waren wir nur in Neumünster unterwegs, um den Wocheneinkauf, eine wirklich leidige Angelegenheit mit drei Kindern, zu erledigen. Doch auf dem Weg wurde Arne auf ein Plakat der Messe aufmerksam. Da er kurze Zeit später einen Trip nach Schweden geplant hatte, bei dem er mit seinen beiden Schwägern in der Wildnis kampieren würde. Er schlug vor, dort hinzufahren, damit er sich ein wenig umsehen könne. Bei den richtigen Themen kauft Arne nämlich mindestens so gerne ein wie ich, würde das allerdings öffentlich niemals zugeben. Mir war der Besuch nur recht. Es gibt auf Messen immer etwas zu essen und in der Regel auch Bespaßung für die Kinder. Also ab zum Messegelände, das Auto parken und siehe da, sogar die Sonne ließ sich blicken. Dementsprechend gut gelaunt, schlenderten wir über das Gelände der riesigen Messe, schauten uns Dachzelte an und sprachen darüber, ob eine Küchenbox unseren Campingalltag wirklich verbessern würde.

Als wir endlich an der Messehalle ankamen, waren Küchenboxen kein Thema mehr bei uns. Direkt am Eingang stand ein winziger, tropfenförmiger Campinganhänger. Bestehend aus einer dicken Matratze auf einem hölzernen Gestell und einem kleinen Schränkchen. Wie magisch angezogen, bewegten wir uns alle auf den Anhänger zu. Klar hatte ich zu diesem Zeitpunkt schon Camper gesehen und mir immer wieder gedacht, dass auch das eine ganz angenehme Form des Campings ist, aber so etwas Kleines und Süßes hatte ich, mal abgesehen von meinen Kindern, noch nie gesehen. Es dauerte keine zwei Minuten und ich war zum Probeliegen auf der Matratze im Anhänger, während Arne sich schon angeregt mit dem Aussteller unterhielt. Es wurden direkt alle für uns wichtigen Themen besprochen. Größe des Innenraumes, Stauraum, Fahren ohne spezifischen Anhängerführerschein, Manövrieren ohne Auto, Dämmung des Wagens und und und. Mit einer engelsgleichen Geduld wurden alle Fragen beantwortet. Zum Schluss fragten wir noch, mit einem etwas mulmigen Gefühl, nach dem Preis. Wie gesagt, das war nicht der erste Anhänger, den wir gesehen haben. Erst 20 Minuten zuvor waren wir an einem Mini-Caravan, nur unwesentlich größer, aber mit mehr Ausstattung, vorbeigelaufen. Jener trug ein Preisschild, welches mit rund 25.000€ beziffert war, daher war ich innerlich schon darauf eingestellt, mich von dem Traum, der eigentlich nicht mal geboren war, wieder zu verabschieden. Wider Erwarten erschreckte uns der Preis nicht. Oder irgendwie schon, denn er war deutlich günstiger, als wir erwartet hatten.

Wir verbrachten den restlichen Tag auf der Messe, hatten viel Spaß, schauten uns die unterschiedlichsten Dachzelte und

Wohnmobile an, aßen diverse Käsegerichte, aber der kleine, süße Anhänger ging mir nicht mehr aus dem Kopf. Auf einen Schlag wären alle Platzprobleme gelöst. Es wäre leicht, fünf Menschen unterzubringen. Und nicht nur das. Künftig hätten wir das Auto fast gänzlich frei von Gepäck.

Es kam, was kommen musste. Kaum waren die Kinder im Bett, schnappte ich mir das Telefon und schlug mir mit Recherche die halbe Nacht um die Ohren. Was soll ich sagen? Bob Andrews ist ein Anfänger gegenüber meinen investigativen Campingskills. Zunächst einmal merkte ich, dass die runde Form des Campers gar nicht von Vorteil ist und wir einen Eckigen brauchen, damit auch das Dachzelt auf dem Hänger montiert werden kann. Dadurch könnten wir nicht nur endlich wieder in eine Parkgarage fahren, sondern wären auch auf unseren Campingausflügen viel flexibler. Statt in Zukunft, wie bisher, alles aus dem Dachzelt auszuräumen und wieder zusammenklappen zu müssen, um einen Ausflug zu machen, würden wir in Zukunft nur noch den Anhänger abkuppeln und losdüsen. Soweit jedenfalls mit meiner Theorie.

Ich suchte geduldig weiter und klickte mich durch diverse Websites und Social-Media-Profile. Ich war mittlerweile Profi darin und nichts konnte mich stoppen. Ich stieß auf die Seite eines kleinen Unternehmens in der Nähe von Köln. Dieses war darauf spezialisiert, Autos und Transporter aus der ehemaligen Sowjetunion umzubauen und wieder herzurichten. Ebenso verkauften sie kleine Anhänger in Kastenform. Da es drei Uhr nachts war, musste ich mir eingestehen, dass es zu diesem

Zeitpunkt keinen Sinn machen würde, dort anzurufen, nahm es mir jedoch direkt für den nächsten Tag vor. Der nächste Tag war ein Sonntag. So viel zu Bob Andrews…

Also noch einen Tag warten und Montagmorgen ab ans Telefon. Das Telefonat war im ersten Moment ernüchternd. „Wir wissen ja wie die Lage ist, alle wollen campen und wir sind bis auf Monate völlig ausgebucht. Wir bekommen immer mal wieder etwas rein, aber können nicht garantieren, dass etwas Passendes für Sie dabei ist. Was sind denn Ihre Ansprüche?" Arnes Grundsatz wurde auch meiner: „Style follows function!" Ansprüche? Hatten wir nicht, Hauptsache das Ding kommt schnell zu uns. Ich sagte dem netten Mann am Telefon, dass wir keine Ansprüche haben. Farbe egal, Ausstattung egal, einzig und allein das Fahren ohne Anhängerführerschein ist das, was zählt und damit hatte ich ihn. Rund eine Woche später kam der Camper in Euskirchen an und Arne machte sich auf den Weg, um ihn abzuholen. 16 Stunden später stand er in der Auffahrt, mit einem müden, aber glücklichen Arne. Ich allerdings hatte in meiner Aufregung etwas ganz übersehen. Entgegen meiner Annahme war der Anhänger nicht ausgebaut. Kein Bettgestell, kein Schränkchen, nur ein leerer Kasten auf Rädern mit einem kleinen Sicherungskasten. Ich schluckte meine Enttäuschung runter und freute mich erstmal darüber, dass wir überhaupt so schnell einen Anhänger gefunden haben. Irgendwie ja auch ganz cool, jetzt können wir das Innenleben des Campers ganz alleine gestalten. Arne setzte sich hin und malte ein paar Skizzen dazu, wie wir ein Bett in den Anhänger bekommen können. Mit großer Expertise mäkelte ich an jeder solange herum, bis er die Nase voll hatte und ohne mich zu informieren oder mitzunehmen in den Baumarkt fuhr. Ich sah ihn den ganzen Tag nicht wieder, denn er fuhr danach direkt weiter zu seinen Eltern, um sich Werkzeug von seinem Vater zu leihen und den Platz dort für den Umbau zu nutzen. Gegen Nachmittag erhielt ich das erste Foto und bekam den Mund nicht mehr zu. Arne, der sich immer weigerte, irgendetwas im Haus anzubringen, weil er „handwerklich einfach nicht geschickt" ist, hatte ein Bettgestell inklusive Unterbringungsmöglichkeiten und Lattenrost in den Camper gezimmert. Sogar den Boden hatte er erst mit Holz verkleidet und dann mit Kunstrasen, der Campinggott weiß warum gerade Kunstrasen, ausgelegt.

Endlich hatte ich einen Anhänger mit einem großen Bett, einer ganz normalen Matratze, mit kleinen Birkenstämmen als Füßen für das Bett, Platz für die Eurokisten darunter und Kunstrasen statt eines Teppichs. Davon hatte ich mein Leben lang geträumt. Naja, nicht wirklich, aber in diesem Moment hatte ich wirklich das Gefühl, dass ich alles habe, was ich brauche.

Noch am selben Abend packte ich alle Sachen und räumte sie in den Anhänger, denn schon am nächsten Morgen würde ich losfahren. Völlig egal wohin, völlig egal wie lang. Nur meine Familie und ich auf dem Weg in die schönsten Ferien unseres Lebens. Ein Hoch auf die Elternzeit, ein Hoch aufs Campen!

Tipp #1:
Informationen zu Dachzelten findet ihr überall im Internet. Profi werdet ihr bei den Dachzelt-Nomaden. Diese findet ihr im Netz unter: *www.dachzeltnomaden.com*

Wo soll es hingehen?

In den Anfängen unserer Campingzeit hatten wir Vorstellungen, die nicht weiter auseinander gehen konnten. Bei mir hätten wir wochenlang an freien Plätzen am Meer in Griechenland, Frankreich, den Kanaren oder Portugal gestanden. Das Ganze am liebsten ein Jahr oder auch unser ganzes Leben lang. Arne hingegen war von Anfang an eher der Meinung, dass uns ein bisschen raueres Wetter und die Landschaft Skandinaviens auch nicht schaden würde. Da er im Norden aufgewachsen ist, kennt er die Länder aus vielen Urlauben und hat sich schon als Kind in die Vegetation, die Leute und das ab und an raue Klima verliebt.

Ich selbst bin im Süden Deutschlands, in einer kleinen Stadt Nähe Stuttgarts aufgewachsen und habe meine Urlaube eher in Ländern, wie Italien, Frankreich und Spanien verbracht. Ich bin ein absolutes Sommerkind und könnte nicht genug Zeit im Jahr am Meer verbringen. Der Gedanke an dicke Pullover und einsame Seen beim Campen stimmte mich demnach nicht gerade glücklich.

Wir diskutierten hin und her, recherchierten, planten, versuchten passende Zeiträume zu finden und drehten uns im Kreis. Alles passte nicht und nichts passte so richtig. In meine vorgeschlagenen Länder hätten wir eine An- und Abreise gehabt, die sich über mehrere Tage ziehen würde. Es würden uns mindestens fünf Tage dadurch fehlen, von einer

Zeit, die zu dem Zeitpunkt, an dem wir unsere ersten Trips planten, ohnehin nicht sehr lang war. Arne war mittlerweile mit dem Studium fertig und arbeitete. Durch sein Angestelltenverhältnis hatte er einen Anspruch von 30 Tagen Urlaub im Jahr, plusminus Überstunden, Gleitzeiten und Ähnlichem. An einen Trip, der zwei Monate oder länger dauerte, war nicht zu denken. Irgendwann, nachdem ich eingesehen hatte, dass die Zeit zumindest in diesem Jahr nicht für meine warmen Destinationen reichte, einigten wir uns auf Südschweden. Eine Anreise von sechs Stunden war mit den Kindern gut machbar und mehr wollten wir ihnen erstmal nicht zumuten. Außerdem konnte man in Schweden sehr gut für ein bis zwei Nächte freistehen, auf einem schönen Plätzchen am See. Campingplätze konnten und wollten wir uns zu diesem Zeitpunkt gar nicht vorstellen, da der Gedanke frei und ohne andere Menschen in der Natur zu stehen, sich so unglaublich schön anhörte. Wir recherchierten im Internet, wo es schöne Gegenden zum Freistehen in Schweden gibt, und schrieben uns ein paar Fleckchen und empfohlene Routen raus. Zudem nutzten wir die Kartenfunktion unserer Handys, um selbst Stellplätze zu finden, auf denen wir für uns allein sein konnten.

Wir schauten explizit nach kleinen Weggabelungen und Wegen an Seen und fanden einiges heraus, was sehr weit abgelegen von kleinen Orten war und bei dem wir uns sicher waren, dass wir dort ungestört sein würden. Als wir in Schweden ankamen, fanden wir, nachdem wir in der ersten Nacht auf einem öffentlichen Parkplatz am Meer übernachtet hatten, unseren ersten Stellplatz an einem einsamen See. Klar war zu diesem Zeitpunkt, dass wir uns mit den sechs Stunden Fahrt schon mal gründlich vertan hatten. Diesen hatten wir durch Zufall entdeckt, da vier weitere Standorte, die wir uns selbst über Maps rausgesucht hatten, schon voll mit diversen Vans, Campern, Bullis aus Deutschland waren. Man merkte, dass die erste Corona-Welle, die ein paar Monate vorher ausgebrochen war, der Campingsache einen ordentlichen Auftrieb verpasst hatte, denn das ganze Land war überfüllt mit jungen Erwachsenen in ihren Vans.

Die Suche nach dem besagten Stellplatz kostete uns, statt der vorher berechneten zwei Stunden rund vier Stunden, weil wir immer wieder neue Spots anfahren mussten. Die Kinder waren gelangweilt, genervt und hatten sich nach dem gestrigen Tag der Anreise alles etwas anders vorgestellt.

In den Tagen darauf wollten wir das Land weiter erkunden und fuhren höher in den Norden hinauf. Hier hatten wir ähnliche Probleme. Der Platz konnte noch so weit weg von jeglicher Zivilisation sein und nur klein in der Karte eingezeichnet sein, er war meist schon besetzt. Uns wurde so langsam klar, dass das Thema „Vanlife" real war und, dass die hergerichteten Bullis mit den schönen Boho-Teppichen und Besitzern, die fröhlich mit einer Gitarre um ein kleines Feuer saßen, sangen und sich dabei filmten, das ganze Land besetzten. Oder zumindest einen Großteil der Seen. Das Ganze war anfangs noch lustig und wären wir allein und ohne Kinder gewesen, auch nur halb so schlimm. Mit den Kindern war es irgendwann nur noch nervig.

Nachdem wir noch einige Spots anfuhren und ein paar Tage an unterschiedlichen Seen verbrachten, an denen wir ständig nur damit beschäftigt waren, die Fragen der Kinder zu beantworten, wann wir denn auch mal etwas Spannendes machen würden, fasste ich einen Entschluss. Ich hatte keine Lust mehr, meine kostbare Zeit mit dem Suchen nach den tollsten, einsamsten Stellplätzen Schwedens zu verbringen und wollte mal wieder ordentlich duschen. Ich nahm mein Handy, das gerade an unserem vor unserer Reise gekauften kleinen Solarpanel steckte und lud, und suchte einen Campingplatz in der Nähe unseres aktuellen Standorts.

Als wir ankamen, waren wir entzückt. Es war ein kleiner, aber feiner Platz direkt an einem See, der natürlicher und schöner nicht sein konnte. Kein Klimbim, kein Schnick-Schnack, aber es gab eine Dusche. Weil es so schön war, blieben wir länger als geplant und die Kinder waren endlich entspannt und glücklich. Es gab weniger Mücken, eine kleine Schaukel am Rand des Sees und andere Kinder, die durch Zufall sogar deutsch sprachen. Wir merkten, dass wir unser ganzes Reisevorhaben nochmal überdenken sollten und uns wurde leicht schmerzlich bewusst, dass wir eben nicht mehr nur zu zweit reisen, sondern da zwei kleine Individuen sind, die sich auch irgendwann nach anderen Kindern sehnen. Weil sie es von zu Hause nicht anders kennen und gewohnt sind. Mir fiel ein kleiner Stein vom Herzen, weil ich die Tage davor und die Suche nach dem perfekten Stellplatz unglaublich anstrengend fand und ich fing an zu akzeptieren, dass das nicht die Art von Camping sein sollte, die uns als Familie mit zwei Kindern und einem doch meist begrenzten Zeitfenster am meisten Spaß macht.

Diese Erkenntnis war Gold wert und wir verabschiedeten uns vorerst vom freien Stehen und machten uns zukünftig auf die Suche nach kleinen, aber feinen Campingplätzen mit wenig Glam, aber viel Nähe zur Natur.

Wir einigten uns darauf, dass meine Träume, irgendwann eine längere Zeit in einem warmen Land zu stehen, nur aufgeschoben und nicht aufgehoben sind und wir uns jetzt, wenn die Kinder noch so klein sind und Arne aus beruflichen Gründen wenig Zeit hat, eher auf nähere Ziele wie Plätze innerhalb Deutschlands, Dänemark oder Schweden konzentrieren. Genau das machen wir seitdem. Auch wenn ich mich immer noch sehr nach drei Wochen am Meer in Frankreich sehne, weiß ich auch, dass das alles noch kommt, wenn die Kinder größer sind und wir noch einmal eine längere Zeit am Stück zusammen freihaben.

Der Gedanke, nicht so weit zu fahren, sondern in kleinen bis mittellangen Trips die Umgebung, das eigene Land oder die Nachbarländer zu erkunden, hat für mich mittlerweile genauso viel Charme, wie mein Wunsch nach Zielen, die zwei, drei oder mehr Tage von uns entfernt sind.

Tipp #2:

Wir haben festgestellt, dass es rund um die eigene Heimat viele Orte gibt, bei denen es sich lohnt, sie anzuschauen. Im letzten Jahr waren Mecklenburg-Vorpommern und die Ostseeküste unser absoluter Favorit, obwohl wir gerade einmal drei Stunden Fahrzeit bis zum ersten Campingplatz brauchten.

Worauf achten wir bei unseren Reisezielen?

Mittlerweile haben wir den Vorteil, dass wir genau wissen, was das Richtige für uns ist, was das Reisen mit der ganzen Familie betrifft. Das haben wir nicht nur auf unseren bisherigen Campingtrips lernen dürfen, sondern auch auf unseren unzähligen anderen Reisen in andere Länder, die nur mit dem Flugzeug zu erreichen sind. Wir haben Fehler gemacht, Dinge vergessen, hatten zu hohe Erwartungen und haben uns selbst überschätzt. Wir haben vieles ausprobiert, gelernt, was uns nicht gefällt und worauf wir in Zukunft Acht geben müssen, damit es ein schöner und erholsamer Urlaub für alle wird.

2015 hatte ich das unbändige Verlangen, mit einem Rucksack nach Indonesien zu fliegen und mit Arne ein paar schöne Wochen auf Bali zu verbringen. In kleinen Hostels abzusteigen, Streetfood essen, jeden Tag etwas Neues zu sehen und Abenteuer zu erleben. Ich will an dieser Stelle nicht mit Einzelheiten nerven, aber dieser Urlaub war der absolute Horror für mich. Am ersten Tag trat ich in ein Schlagloch und knickte so ungünstig um, dass ich nur noch humpeln konnte. Der Jetlag sorgte dafür, dass ich die ersten Tage völlig übermüdet war, und nach dem ersten Frühstück musste ich erkennen, dass mein Körper Zeit braucht, um sich an das Essen zu gewöhnen. Ein paar Tage später stürzte ich in einen Abwassergraben, weil ich nicht über eine Kokosnuss stolpern wollte. Der Graben war ungefähr einen Meter tief, ich riss mir das rechte Bein auf und verlor im Flug den Schlüssel zu unserem Zimmer. Ein paar Tage später fing ich mir eine Lebensmittelvergiftung ein und verbrachte drei Tage in einem Hotelzimmer bei absoluter Dunkelheit, während Arne beim Tauchen Haie und Schildkröten sah. Zu guter Letzt wurde ich beim Surfen fast enthauptet und verbrachte annähernd den ganzen Rückflug auf der Toilette, nur um dann als erste Adresse in Hamburg ein Krankenhaus anzusteuern. Rucksacktourismus, so stellte ich fest, ist nichts für mich. Im Nachhinein bin ich aber glücklich darüber, diese Erfahrung gemacht zu haben, denn so lerne ich immer wieder dazu, was ich brauche, damit es mir im Urlaub gut geht.

Die erste Sache, auf die wir achten, bevor ein neuer Campingtrip beginnt, ist die An- und Abreisezeit. Arne und ich reisen gerne in kurzen Etappen. Zeiträume von sechs Stunden sind im Auto gut zu kompensieren und sorgen dafür, dass wir nicht alle schon zu Beginn des Urlaubs genervt sind. Sollte ein Ziel doch weiter entfernt sein, planen wir definitiv einen Zwischenstopp ein. Hier kann man gut für eine Nacht auf dafür ausgewiesenen Parkplätzen aus der App „Park4Night“ oder auf ausgewiesenen Höfen stehen. Landvergnügen habe ich in dem Kontext schon erwähnt. Am liebsten schauen wir jedoch schon vorab, ob es nicht Sinn macht, einen kleinen Campingplatz anzusteuern, auf dem man die ersten zwei oder drei Tage verbringen kann. So kommen alle direkt in die richtige Stimmung.

Auf unserer Reise nach Schweden haben wir einen wundervollen Parkplatz direkt am Meer in der Nähe von Kristianstad gefunden. Dieser war extra als Stellplatz ausgewiesen und wir hatten die Möglichkeit nach den ersten Reisestrapazen ein wenig zu entspannen.

Ich denke oft an diesen Stopp zurück. Die Vorfreude auf Schweden war riesig, nachdem wir mitten in der Nacht die Brücke nach Malmö überquerten und uns früh morgens auf den Parkplatz stellten, war es umso schöner nach dem Aufstehen direkt am Meer aufzuwachen und einen langen Spaziergang am Strand mit den Kindern zu machen.

In Deutschland gibt es die fantastische Möglichkeit, für ein paar Nächte auf Bauernhöfen zu stehen. Hier unbedingt vorher anrufen und freundlich nachfragen, ob es okay ist, dass man für eine oder mehrere Nächte kommt. In den seltensten Fällen sind diese Plätze belegt und für einen kurzen Stopp hat man alles, was man braucht. Inklusive der Schafherde, die keine 20 Meter entfernt auf der Weide grast. Für die Kinder sind diese Dinge absolute Highlights und sie liegen dann morgens oben im Dachzelt und beobachten die Schafe aus den Fenstern.

Meist bevorzugen wir für unsere Trips ein Anfangsziel, das ungefähr drei bis sechs Stunden entfernt ist, und fahren dann lieber nach ein paar Tagen erneut ein Stückchen weiter. Wir haben gelernt, dass eine Strecke, die mit drei Stunden im Navi angezeigt wird, oft doch vier bis fünf Stunden in Anspruch nimmt. In erster Linie liegt das daran, dass wir mit unserem Anhänger langsamer unterwegs sind, es fast immer ein bis zwei Staus gibt und bei drei Kindern die Wahrscheinlichkeit hoch ist, dass alle mal auf die Toilette müssen. Natürlich nicht zur gleichen Zeit. Das wäre ja zu einfach! Dann sind da ja auch noch wir Erwachsenen, die ab und an mal eine Pause brauchen, weil sie müde werden und sich sehnlichst einen Kaffee wünschen. Oder Ruhe. Oder einfach nur ein bisschen frische Luft und Ruhe… Es ist bezeichnend, dass das Rauschen der vorbeifahrenden LKWs irgendwann zu einem schon fast meditativen Geräusch wird, das nach dem Lärm im Auto Balsam für die Ohren ist. Das Los, das wohl alle Eltern gezogen haben.

Etwas, womit ich, bevor die Kinder kamen, nie gerechnet hatte, ist, dass Temperaturen ein Problem sein können. Unsere älteste Tochter Carlotta ist sehr sensibel, was das angeht und bei unseren bisherigen Urlauben in heißen Ländern, wie der Dominikanischen Republik, Spanien und Frankreich, in denen Temperaturen von über 30 Grad herrschten, hat sie sich in den ersten Tagen absolut nicht wohlgefühlt. Sie hat immer wieder betont, dass sie heiße Temperaturen nicht gut aushält und sich wünschen würde, dass wir keinen Urlaub in diesen Ländern im Hochsommer planen. Oder dann eben ohne sie fahren.

Natürlich ist sie nicht das einzige Familienmitglied, welches entscheiden darf, wohin die Reise geht, aber uns ist wichtig, dass wir alle Spaß haben und uns wohlfühlen, wenn wir in den Urlaub fahren. Schließlich geht es darum, dass auch die Kinder sich erholen können und die Trips genießen.

Deswegen machen für uns wochenlange Trips an die Küste Spaniens im Hochsommer zum jetzigen Zeitpunkt deshalb keinen Sinn. Aber auch in Deutschland kann es durchaus ganz schön heiß werden, wie wir die letzten Sommer merken konnten. Als wir im letzten Jahr durch Ostdeutschland gereist sind, wurde auf jedem Campingplatz vor Waldbrandgefahr gewarnt und auf vielen Plätzen war der Rasen so ausgedörrt, dass der Boden staubte, wenn man darauf lief.

Ebenso würden wir zum jetzigen Zeitpunkt, weil die Kinder alle drei noch so klein sind, keine kalten Gegenden heraussuchen. Auch wenn es ein Traum ist, ein paar Wochen mit dem Dachzelt durch Island zu reisen. Im Moment wäre das ein viel zu hoher Aufwand, der sich am Ende nicht lohnen würde. Da wir keinen Wohnwagen haben, in den man sich gemütlich setzen kann, verbringen wir 80% des Tages draußen und das würde uns mit Sicherheit keinen Spaß bringen bei Temperaturen unter 10 Grad.

Wenn wir recherchieren und uns für ein Ziel entschieden haben, überlegen wir meist, was momentan die Bedürfnisse der Kinder und unsere sind. Wir überlegen vorher, wie unser Urlaub am stressfreisten werden kann und was es dafür braucht. Oft entscheiden wir uns für kleine, süße Campingplätze direkt am Meer oder an einem schönen See, der sich zum Baden eignet. Bei unseren Reisen haben wir herausgefunden, dass das für uns am Besten funktioniert, weil die Kinder Wasser sehr mögen, sich an Gewässern gut selbst beschäftigen können und den meisten Spaß haben. Natürlich unter unserer Aufsicht! Was ebenso immer funktioniert, sind Bauernhöfe, auf denen man auf einer großen Wiese mit ein paar anderen Familien steht. Hier können die Kinder tagsüber oft helfen, sich um die Tiere zu kümmern und sind viel beschäftigt.

Wenn wir uns für einen Campingplatz entscheiden, schauen wir vorher im Internet, wie der Platz aufgebaut ist und welche Stellplätze für uns und unsere Bedürfnisse in Frage kommen. Das ist selbstverständlich in der Hauptsaison oder bei spontaner Anreise etwas schwerer, da es dann die Option nicht gibt, sich selbst einen Stellplatz auszusuchen. In der Nebensaison ist es meist kein Problem und so können wir vorher schon überlegen, welcher Platz für uns am meisten Sinn macht. Hier achten wir darauf, dass wir nicht zu weit von den sanitären Anlagen wegstehen. Das ist uns wichtig, weil wir unsere mobile Toilette eher für den Notfall nutzen und die Kinder auch mal nachts auf die Toilette müssen. Wir versuchen zu vermeiden, dass wir dann über den ganzen Platz laufen müssen und am Ende alle wach sind. Ein weiterer Grund, nah an einem Sanitärhäuschen zu stehen, ist, dass man mit fünf Personen viel Geschirr benutzt, das täglich abgespült werden muss. Gerade wenn es im Sommer sehr heiß ist, sind wir froh, damit nicht so weit laufen zu müssen.

Ein weiterer Punkt bei unserer Suche nach dem perfekten Platz ist das Thema „Spielplatz“. Unsere Kinder sind sehr offen und lieben es, im Urlaub neue Freundschaften zu schließen. Da wir sie ungern allein über die Plätze laufen lassen wollen, fragen wir bei der Ankunft jedes Mal nach, ob es noch einen Platz in der Nähe des Spielplatzes gibt. Meist bekommen wir einen, auch in der Hauptsaison und ich kann es nicht anders sagen, aber das sorgt für enorme Entspannung, schon beim Aufbau. Wir versuchen unseren Platz so einzurichten, dass wir einen freien Blick auf den Spielplatz haben und die Kinder knüpfen meist schon die ersten Bekanntschaften, während wir gerade den ersten Campingstuhl aufbauen. Für uns ist das bis jetzt immer eine absolute Win-Win-Situation gewesen, weil wir die Kinder immer in Sichtweite haben, sie aber nicht stundenlang beschäftigen müssen. Sie haben in den bisherigen Urlauben die süßesten Freundschaften mit anderen Camperkindern geknüpft und waren absolut zufrieden.

Zusammengefasst kann man sagen, dass wir sehr darauf achten, keine langen Wege zu haben. Weder zum Spielplatz noch zu den Sanitäreinrichtungen oder zum Meer/See.

Was wir auf unseren Reisen gelernt haben, ist, dass es uns am Wasser am besten gefällt, wir hier aber oft den Nachteil von extremen Mückenangriffen haben. Ich nenne es Angriff, weil wir sowohl in Schweden als auch bei unserem Trip nach Waren an der Müritz, so von den Viechern attackiert wurden, dass wir fünf Minuten nach dem Aussteigen aus dem Auto am ganzen Körper zerstochen waren. Das ist etwas, das wir seitdem immer im Kopf behalten. Hier muss man entscheiden, ob man seine Kinder während des ganzen Aufenthalts ständig mit Mückenschutz eincremen möchte oder man sich lieber ein anderes Ziel sucht. Wir cremen die Kinder meist schon im Auto präventiv vor Ankunft ein, weil wir vorher nicht einschätzen können, ob es diesmal viele oder nur wenige Mücken gibt. Wir standen schon an unglaublich vielen Seen und es war jedes Mal anders, obwohl es zur gleichen Jahreszeit war. Man weiß also nie, was auf einen zukommt.

Eine weitere Sache, auf die wir beim Aussuchen unserer Reiseziele achten, ist, dass es ein paar Highlights für die Kinder drum herum gibt. Natürlich wären sie auch zufrieden, wenn wir nur auf den Plätzen, die wir uns ausgesucht haben, bleiben würden und würden sich nicht beschweren. Aber wir kennen es selbst aus unseren Urlauben als Kinder, dass ein oder zwei Highlights bis heute im Kopf bleiben und es schön ist, die Umgebung ein bisschen zu erkunden. Das kann zum Beispiel eine geführte Wattwanderung, ein Bootsausflug, ein Besuch in einem Erlebnisbad, ein Fest am Strand, ein Museumsbesuch, ein Besuch auf Höfen in der Nähe oder ein Freizeitpark für kleinere Kinder sein. Hier kann man ebenfalls gut im Voraus recherchieren, was die Umgebung bietet und spart einiges, wenn man online Tickets vorbestellt.

Kurztrip oder lange Reise?

Wie im letzten Kapitel schon angerissen, stellte sich uns schon oft die Frage, was wir im Urlaub eigentlich wollen. Wofür haben wir als mittlerweile fünfköpfige Familie mit zwei berufstätigen Elternteilen und drei Kindern, die wirklich Hummeln im Hintern haben, Kapazitäten? Da Arne, bis auf das Jahr, in dem er sechs Monate Elternzeit hatte, seinen normalen Urlaub im Jahr hat und wir mittlerweile auf die Schulferien der Großen angewiesen sind, hat sich die Frage nach Trips, die länger als zwei Wochen gehen, schon fast erübrigt. Zumal man die Anreisezeit mit einem Minicamper nicht unterschätzen darf. Da wir mit dem Anhänger nicht mehr als 100 km/h fahren dürfen, brauchen wir für eine Nord-Süd-Querung Deutschlands gute zehn Stunden. Ohne Pause. Wenn wir mal ehrlich sind, waren wir vorher auch nicht wirklich schneller, da Arne sich in der Regel mit 110 km/h über die Autobahn bewegt. Schneckentempo und ich habe ja bereits erwähnt, was ich von Schnecken halte, wobei er die einzige Schnecke ist, die mir ab und an auch nackt gefällt.

Sei es drum, mit Pausen zieht sich so eine Tour schon mal über einen Tag hinaus. Mit gelangweilten Kindern, die man auch nicht den ganzen Tag vor dem Tablet parken möchte, fühlt sich das Ganze schnell doppelt so lange an.

Deswegen haben wir uns zu diesem Zeitpunkt unseres Lebens und in Anbetracht der Tatsache, dass wir zwei kleine

Kinder unter 5 Jahren haben, entschieden, uns eher auf kurze Trips zu konzentrieren. So haben wir die Möglichkeit viele Ländereien, Teile Deutschlands und Orte zu entdecken und bleiben nicht immer auf der gleichen Stelle. Die Kinder erleben viel und lernen immer etwas Neues oder andere Menschen auf unseren Reisen kennen.

Außerdem haben wir die Möglichkeit den ganzen Sommer lang immer wieder kurz aus dem Alltag auszubrechen und das tut uns allen sehr gut. Wir haben bemerkt, dass unsere Kinder nicht unbedingt gerne eine längere Zeit von zu Hause weg sind und möchten sie auch nicht dazu zwingen. Also sind Ziele, die in unter 8 Stunden zu erreichen sind, im Moment auf unserer Prioritätenliste ganz oben.

Natürlich schwebt in meinem Kopf immer noch der Gedanke an wochenlanges Camping in südlichen Ländern, aber da für uns nur die Sommerferien dafür in Frage kommen und ich aus meiner Kindheit und Jugend weiß, wie überfüllt die Campingplätze in der Hauptsaison sind und wie heiß es teilweise in den Ländern werden kann, schaffe ich es mittlerweile ganz gut mit unserer Entscheidung mehr Kurztrips über den ganzen Sommer verteilt zu machen, zu leben und genieße diese sehr.

Wir haben in den letzten Jahren so viele schöne Orte in unserer unmittelbaren Umgebung und unseren Nachbarländern gefunden, dass diese Art von Camping der anderen Variante wirklich in nichts nachsteht. Gerade wenn man sich gerne das eigene Land anschauen möchte, gibt es hierfür unzählige Führer, wie zum Beispiel Landvergnügen, der einem die Möglichkeit gibt für eine Nacht auf diversen Bauernhöfen in ganz Deutschland für einen geringen Preis zu stehen und gleichzeitig die Bauern dabei zu unterstützen.

Gerade in den ersten warmen Monaten des Jahres macht es Spaß, sich am Wochenende für zwei Nächte vom Alltag zu Hause zu verabschieden und kurz loszufahren. Dafür müssen es nicht mal acht Stunden Fahrt sein. Einen ganz besonderen Campingplatz gibt es in unserer unmittelbaren Umgebung. Er ist 30, vielleicht 40 Minuten Fahrtzeit von uns entfernt und liegt an einem See mit einem kleinen Strand. Es gibt einen kleinen Kiosk, einen Spielplatz und das wars. Warum ist dieser Campingplatz so besonders für uns? Nicht, weil er besonders schön oder besonders hässlich ist. Es ist der Campingplatz, auf dem wir damals das erste Mal ein Dachzelt ausprobiert haben. Und es ist der Campingplatz, auf dem Arne mich gefragt hat, ob wir heiraten möchten. Auch da haben wir uns dazu entschieden, nur mal kurz weg von zu Hause zu sein und einen kleinen Abstecher an den See zu machen. Getroffen haben wir uns dort mit Arnes Schwestern, ihren Partnern und einen Tag kamen auch Arnes Eltern zu Besuch. An diesem Tag fragte Arne mich, ob wir die Kids nicht kurz bei seinen Eltern lassen sollen, um gemeinsam eine Runde mit dem SUB auf dem See zu fahren. Es war die ganzen Tage über ein wenig regnerisch und eher kalt und Arne musste mich ein wenig dazu überreden. Er hatte, wie fast immer, seine schwarze Trainingsjacke an und wir paddelten auf dem See. Ausnahmsweise ließ sich sogar die Sonne blicken. Nach einer halben Stunde trieben wir nur noch ein bisschen vor uns hin, als er mich fragte, was ich eigentlich noch so vorhätte. Ich war ziemlich verdutzt, schließlich waren wir auf dem Campingplatz und am Montag würden wir beide wieder arbeiten müssen. Eine selten dämliche Frage also. Aber ich war und bin dämliche Fragen gewohnt und argwöhnte, dass er wieder irgendeinen komischen Witz machen wolle. Ich sagte ihm, dass ich mir gleich ein Eis holen wolle und dann mal sehen. Daraufhin fragte er, ob ich nicht, wenn es denn keine Umstände bereiten würde, ihn heiraten wolle und zog dabei einen kleinen Ring aus seiner Jackentasche. Ich bekam den Mund nicht mehr zu. Natürlich hatten wir vorher schon davon gesprochen, heiraten zu wollen. Wir hatten bereits zwei Kinder und es erschien nur logisch, irgendwann Hochzeit zu feiern, aber gerechnet hatte ich damit in diesem Moment überhaupt nicht. Der Ring war leicht, weder aus Gold noch aus Silber und anstelle eines Steines trug er die Miniaturnachbildung eines Zwiebelmettbrötchens. Ich lachte und weinte zugleich und natürlich sagte ich „Ja!“ Was hätte ich auch anderes tun sollen, sagte er mir im Nachhinein noch, dass er mich bei einem „Nein“ vermutlich vom Board gestoßen hätte.

Auch Kurztrips halten immer eine Überraschung bereit, selbst wenn diese wohl wirklich die Schönste war und dieser Campingplatz deshalb einen besonderen Platz in meinem Herzen einnimmt.

Tipp #3:
Wir empfehlen den Reiseführer „Landvergnügen“, den es als Buch oder digitale Mitgliedschaft gibt. Er kostet einmalig circa 50€ und verschafft euch die Möglichkeit, auf Höfen in ganz Deutschland und mittlerweile auch in Österreich zu stehen. Ihr könnt entscheiden, ob ihr eure Nacht neben Alpakas, Schafen oder Kühen verbringt und die Bauern unterstützen, indem ihr euch mit regionalen Köstlichkeiten aus den Hofläden versorgt. Mehr Informationen findet ihr unter *www.landvergnuegen.com*

Entscheidungen treffen…

Wie treffen wir eigentlich unsere Entscheidungen, wenn wir, wie so oft, nicht einer Meinung sind? Das ist eine gute Frage und ich würde lügen, wenn ich sage, dass es kein schwerer Weg dahin war und wir schon am Ende unserer Reise sind. Wir haben es mittlerweile geschafft, nicht sofort beleidigt aus dem Raum zu rennen, wenn der andere nicht so begeistert von unserer Idee ist, wie wir es vorher gedacht haben. Das ist schon ein Anfang und ich behaupte, wir haben eine gute Basis, neutral und ohne emotionale Ausbrüche einen Mittelweg zu finden, der uns beiden passt.

Natürlich ist es schwer, sich von einigen Vorstellungen zu trennen, die man über das Reisen bis dato in seinem Kopf hatte. Ich sehe mich immer noch in einem kleinen Van an einem Strand in Griechenland mit der ganzen Familie den ganzen Winter lang stehen und Arne holt mich auf den Boden der Tatsachen zurück und ruft mir immer wieder in den Kopf, dass die wenigsten Menschen diese Art von Reisen machen können. Sei es, weil sie einen festen Arbeitsplatz, zu wenig Geld, zu wenig Nerven oder nicht den Mut dafür haben. Letzteres holt mich meist aus meinen Tagträumen zurück. Wenn ich mir insgeheim vorstelle, ich müsste ein ganzes Jahr lang mit unseren drei Kindern, die sich alle immer wieder in sehr herausfordernden Phasen der Entwicklung befinden und oft nicht mit ein bisschen Sand und Meerwasser zufrieden sind, in einem anderen fremden Land nur in einem Dachzelt und einem kleinen Anhänger leben, weiß ich, dass manche Dinge die für mich das Richtige sein mögen, nicht unbedingt das Richtige für meine Familie sind. Deswegen tut es mir gut, dass Arne oft den realistischen Part unserer Beziehung übernimmt. Denn am Ende hat er oft, beileibe nicht immer, Recht. Dieses Vanlife, was uns in den sozialen Medien oft vorgelebt wird, machen die wenigsten Menschen mit Kindern und wenn dann nicht für immer und eventuell nur, weil vielleicht beide selbständig sind, einer in Elternzeit oder die Kinder noch nicht in der Schule sind. Da Arne sich in einem Angestelltenverhältnis befindet und Carlotta die erste Klasse besucht, bleibt uns nichts anderes übrig als die Zeit, die wir durch die gegebenen Umstände haben, so sinnvoll wie möglich zu nutzen. Das führt natürlich des Öfteren im Vorfeld zu kleinen Meinungsverschiedenheiten. Bei zwei oder drei Wochen, die wir in der Sommerzeit an zusammenhängenden Urlaub haben, lässt sich eben nicht die ganze Welt bereisen. Schon gar nicht mit 100km/h auf der Autobahn. So stehen wir unerwartet oft vor dem Problem, wo es hingehen soll. Im Norden, die weitläufigen Wälder mit schönen Seen, die Ruhe und die Natur Schwedens und Norwegens genießen? In den Westen, Baden im stürmischen Atlantik oder Galette essen in der Bretagne? Soll es der Süden sein, in der warmen Sonne der Toskana zwischen Weinreben sitzen und so viel Sonne tanken, dass es noch für zwei Winter reichen würde? Oder doch lieber der Osten, mit den ruhigen und schönen Sandstränden der Ostsee und dem leckeren Essen in Danzig?

Die Möglichkeiten sind so vielseitig wie unsere Vorstellungen und wenn wir die Kinder fragen, kommen mindestens noch einmal so viele Vorschläge. Was ist dann die richtige Entscheidung für mich, für Arne und Kids? Unsere Devise lautet: reden, reden, reden. Nicht am Stück und nicht für Stunden, aber immer wieder sprechen wir über Ziele, die wir besuchen wollen, warum wir sie besuchen wollen und was auch dem anderen möglicherweise gefällt. Wir teilen unsere Vorstellungen und versuchen herauszuhören, wo die Sehnsüchte unseres Partners liegen, denn am Ende bringen wir beide den gleichen Wunsch mit ein. Gemeinsam zu reisen, unterwegs zu sein und Abstand zu all dem zu bekommen, was uns zu Hause stresst. Wenn es wirklich verzwickt wird, hilft an der ein oder anderen Stelle vielleicht auch ein kleines Klimpern mit den Augen.

Am Ende zählt, und ich wiederhole mich an dieser Stelle, dass es egal ist, wo wir hinfahren, denn wir wissen, dass wir gemeinsam fahren und dass wir es auf eine Weise tun, die uns allen Spaß macht. Wenn das bedeutet, statt der Wanderschuhe die Badehose einzupacken oder statt eines Croissants am Morgen Bigosz am Mittag zu haben, ist das für jeden von uns in Ordnung. Ich bin dankbar für jede neue Erfahrung, die ich mache, denn es gibt viele Orte auf der Welt, Unmengen an Orten in Europa und dutzende Plätze Deutschlands, die ich noch nicht gesehen habe und die alle ihren Charme haben. So versuchen wir offen für Neues zu bleiben und uns manchmal einfach fallen zu lassen.

Um ehrlich zu sein, habe ich von Croissants zum Frühstück erstmal genug. 2018 reisten wir nach Frankreich in die Bretagne, um dort zwei Wochen zu campen. Zu diesem Zeitpunkt noch ohne Dachzelt, sondern in einem gemieteten Zelt auf einem Campingplatz. Stichwort „Glamping“. Übrigens der erste Kompromiss, den wir in Bezug auf Camping gemacht haben. Wir sind 16 Stunden Auto gefahren. Start Hamburg Hamm 19 Uhr, Ankunft Campingplatz Bretagne 11 Uhr am nächsten Morgen. Aus unerfindlichen Gründen meinte Arne, dass er die ganze Strecke alleine fahren müsse und als wir vormittags auf dem Campingplatz ankamen, dachte ich eigentlich, dass er so K.O. sein müsste, dass er direkt umfällt. Aber als er den Campingplatz sah und wir zu unserem Zelt kamen, hat er sich so gefreut und direkt davon erzählt, wie es damals mit seiner Familie war und wie schön es ist, dass wir das jetzt auch machen. Er ist mit Carlotta direkt los an den kleinen Bach und hat mit ihr nach Fischen geschaut, während ich das Auto ausgepackt habe. Fische haben sie keine gefunden, dafür waren sie total aufgeregt, als sie einen Maulwurf gesehen haben, der gerade einen Hügel aufgeschüttet hat.

Das Zelt war groß, hatte eine kleine Küche und zwei schöne Betten mit dicker Bettwäsche. Es gab einen kleinen Tisch drinnen und einen kleinen Tisch draußen auf der Veranda mit Blick auf den Bach. Es war wirklich schön und ich freute mich, dass ich mich dazu durchgerungen hatte, diesen Urlaub zu machen. Außerdem liebe ich die Bretagne, den Strand, die kleinen Orte und Moules-frites.

Dann kam die erste Nacht. Es war August und man sollte annehmen, dass die Nächte im Hochsommer eher warm sind. Funfact: Das waren sie nicht. Ich habe gefroren wie noch nie in meinem Leben. Es war so kalt und klamm, dass ich kaum ein Auge zu bekam, während Arne mit Carlotta auf dem Bauch neben mir schnarchte. Es war die Hölle und mein anfänglich so positives Gefühl war wie weggeblasen.

Am nächsten Morgen haben Carlotta und Arne das Frühstück gemacht und waren super drauf. Ich war ein Zombie. Ich war müde, mir war kalt und ich wollte einfach nur eine heiße Dusche. Mit dem Thema Campen war ich fürs Erste durch. Ich beklagte mich bei Arne, aber er konnte das so gar nicht nachvollziehen. Vielleicht hatte ich mir nur eine Erkältung eingefangen. Der Tag wurde wärmer und auch meine Laune stieg wieder, denn wir aßen gut und fuhren an den Strand. Dann kam die nächste Nacht und der nächste Morgen. Und plötzlich musste auch Arne feststellen, dass es ungewöhnlich kalt und nass in dem Zelt ist. Zwei weitere Tage spielten wir das Spiel „Kalte Nacht, warmer Tag“, bis es mir zu viel wurde. Ich ging zur Rezeption und trug unser Problem vor. Es kam direkt jemand mit mir und schaute sich das Zelt an. Wie sich herausstellte, war das Zelt an der Rückseite kaputt und so konnte sowohl kalte Luft als auch die ganze Feuchtigkeit in das Zelt ziehen. Innerhalb kürzester Zeit bekamen wir ein Neues und der Rest des Urlaubs war sehr schön. Vielleicht ist Frankreich doch nochmal ein Ziel…

Ich packe meinen Koffer...

Ich habe schon lang und breit darüber berichtet, vor welche Herausforderungen man platztechnisch mit zwei oder später auch drei Kindern gestellt wird. Im Grunde ist es wie bei einer Wohnung oder einem Haus. Egal wie groß es ist, es fehlt irgendwie immer an Platz. So geht es uns auch beim Reisen mit dem Dachzelt. Egal, ob das Auto größer wurde, das Zelt sich zur Seite aufklappen konnte oder wir einen Camper anhängten, irgendwie bekamen wir den neu gewonnenen Platz immer gefüllt. Natürlich immer abhängig davon, wie lange der Trip werden sollte.

Wir haben viel ausprobiert, um unser Gepäck für die Reisen zu organisieren. Koffer für die Kinder, Reisetaschen für uns, Klappkisten aus dem Supermarkt, Eurokisten aus dem Baumarkt, Hängetaschen für das Auto, eine zusätzliche Kiste auf der Deichsel des Hängers. Alles hatte seine Vor- und Nachteile. Koffer kann ich aufklappen und komme an alles ran, Reisetaschen sind flexibel in der Form und lassen sich in Zwischenräume stopfen, Euro- und Klappkisten lassen sich super stapeln. Am Ende haben wir uns für eine Mischung aus allem entschieden und ich erzähle im nächsten Kapitel mehr davon. Arne schwört auf seine, ich muss es leider sagen, sehr zerlumpte Reisetasche, die er als Transportmittel für seinen Computer, als Sporttasche und eben auch als Reisetasche nutzt. Diese hatte er übrigens auch dabei, als ich ihn das erste Mal in meinem Leben sah. Da transportierte er damit seinen Computer durch halb Hamburg.

Die Kids verstauen ihre Spielzeuge in kleinen Koffern, die sie selbst packen und ich sortiere meine Kleider und den anderen essentiellen Kram in Kisten aus dem Supermarkt. Alles, was sonst wichtig für den Ausflug ist, wie der Gaskocher, das kleine Solarpanel oder Hygieneartikel, sind in Eurokisten gepackt, die wir unter dem Bett im Camper verstauen können.

Aber was sind eigentlich die wichtigen, essentiellen Dinge für einen Campingtrip?

Ich glaube nicht, dass es hier eine abschließende Liste gibt, die für jede Person gleichermaßen gilt. Jeder Mensch wird an dieser Stelle seine eigenen Präferenzen haben, ich möchte dennoch erzählen, wie unser Auswahlverfahren läuft und eine kleine Liste von meinen und Arnes wichtigsten Dingen mitgeben.

Ich bin von Natur aus ein Mensch, der ein starkes Bedürfnis nach Sicherheit hat. Daher gehe ich schon vor jeder Reise im Kopf durch, was schiefgehen kann, was mich stressen würde und auf welche Situationen ich unbedingt vorbereitet sein muss. Abhängig vom Reiseziel fertige ich mir eine Liste an und hake diese nach und nach beim Packen ab. Fahren wir ans Wasser? Dann brauchen wir mehr Handtücher. Gehen wir auch mal Essen? Dann brauchen die Kinder mit Sicherheit mehr

Kleidung zum Wechseln und ich muss meine Schminktasche einpacken. Ich schaue nach, ob noch alles an Gewürzen, Geschirr und Besteck in der Küchenkiste (übrigens keine fancy Camping-Küchen-Kiste, sondern eine Eurokiste, in der Dinge zum Kochen und Essen sind) ist und fülle es bei Bedarf auf. Natürlich versichere ich mich, dass wir genügend Sonnencreme haben, Snacks für die Fahrt vorhanden sind, die Räucherspiralen gegen Mücken nicht bei der letzten Rückfahrt zerbrochen sind und, dass frisches Bettzeug für das Bett im Camper vorhanden ist. Ich könnte ewig so weitermachen, denn es gibt immer neue Kleinigkeiten, die mir in den Kopf schießen. Was uns immer wieder bei all den Reisen mit den Kindern aufgefallen ist, ist dass es nie verkehrt ist einen Body zu viel dabeizuhaben, das ein oder andere Spielzeug heimlich mitzunehmen für die kleine Überraschung zwischendurch und auf jeden Fall überall im Auto geheime Lager mit kleinen Snacks einzurichten. Sollte es bei uns doch mal mit der Kleiderplanung nicht passen, suchen wir uns einen Campingplatz, auf dem wir die Möglichkeit haben, einmal alles zu waschen.

Arne ist in dieser Hinsicht, wie kaum anders zu erwarten, ein wenig anders aufgestellt. Geht er mit seinem Freund oder seinen Schwägern in die Wildnis, packt er in der Regel seinen Schlafsack, seine Zahnbürste, ein Messer und eine Plane ein. Diesen Ansatz von „weniger ist mehr“ lebt er in der Regel auch bei unseren Trips, wenn auch nicht in dieser ausgeprägten Form. Er nimmt für unsere Reisen dann doch Klamotten zum Wechseln mit. Er macht sich keinen Kopf darüber, was er im

Urlaub brauchen könnte, und setzt sich lieber mit den Kindern hin und packt mit ihnen das Spielzeug und Bücher ein.

Sind wir dann angekommen, stellt er fest, dass er die Hälfte seiner Sachen vergessen hat, ist aber glücklich darüber, dass wir angekommen sind und irgendwie ja doch alles klappt.

> **Tipp #4:**
> Auf größeren Campingplätzen gibt es meist einen Kiosk oder einen kleinen Laden, bei dem ihr alles bekommt, was ihr im Notfall braucht oder vergessen habt, ohne den Campingplatz noch einmal verlassen zu müssen. Aber Achtung! Die Preise können sich meist sehen lassen.

Koffer, Kisten, Tüten, Netze und Co? Wir packen unser Auto und den Anhänger

Als wir uns für unseren Caddy entschieden haben, war uns wichtig, dass dieser einen großen Kofferraum mit einer Menge Stauraum hat. Da man die zweite Sitzbank einfach herausnehmen kann und wir diese nur im Alltag nutzen, haben wir auf unseren Reisen sehr viel Platz im hinteren Teil des Autos. Die Frage, die wir uns anfänglich gestellt haben, war allerdings, wie wir diesen Platz wirklich sinnvoll nutzen. Hier befinden wir uns immer noch in einem Findungsprozess und sind bisher nicht zufrieden. Wir haben zwar schon einige gute Lösungen gefunden, aber der Aspekt, dass wir nicht auf die zweite Sitzbank im Alltag verzichten wollen, macht das Ganze etwas schwieriger, als wir es initial geplant hatten.

Anfangs überlegten wir, einen eigenen Ausbau mit Schubladenelementen zu bauen und in unserem Kofferraum zu installieren. Das wäre aber nur möglich und auch wirklich sinnvoll, wenn wir auf die zusätzliche Sitzbank verzichten würden, was wiederum bedeuten würde, dass wir nie Freunde von unseren Kindern mitnehmen könnten. Es musste also eine andere Lösung her, die bestimmt noch nicht die Beste ist, aber mit der es sich für uns entspannt reisen lässt. Eurokisten. In verschiedenen Höhen. Sie sind stapelbar und können nach Themen sortiert werden. Wir packen vor unseren Trips folgende

Kisten: ein bis zwei Kisten für die Kinderkleidung, eine für meine Kleidung und eine in die Arne seine Tasche stellt. Diese können beim Einrichten aus dem Kofferraum herausgenommen werden und entweder ins Vorzelt oder auf die vorderen Sitze des Autos gestellt werden. So hat jeder seinen eigenen Kleiderschrank auf Reisen dabei und kann sich selbständig bedienen. Wenn wir wissen, dass wir definitiv unser Vorzelt aufbauen, switchen wir manchmal auf die Schrankkoffer der Kinder um. Die Koffer gehen in die Höhe und sehen geöffnet aus, wie ein kleiner Schrank mit verschiedenen Regalböden. Sehr praktisch, um gut an die Kleidung der Kinder zu kommen.

Zurück zu den Kisten. Es folgen weitere mit Kosmetikartikeln, Stromkabeln, Taschenlampen, Solarpaneelen und Co. Eine mit Spielen, Beschäftigungsideen für die ganze Familie und eine Küchenkiste mit dem ganzen Zubehör, das wir brauchen, um uns auf Reisen ernähren zu können. Zusätzlich haben wir eine größere Klappbox, in der wir unsere trockenen Lebensmittel lagern, eine Kühltruhe, die an einem 12 Volt Anschluss im Kofferraum angeschlossen ist und die wir auf den Autofahrten unser vorher eingekauftes Essen kühlen lassen.

Da wir ein paar Jahre lang immer ein kleines Baby dabei hatten, kam am Schluss, wenn alles verstaut ist, der Kinderwagen obendrauf und eventuell noch ein Hochstuhl zum Zusammenklappen. Gerade mit Baby ist es Gold wert, weil der Boden auf den Plätzen oft unfassbar dreckig ist und man beim Essen selbst keine Kapazitäten hat, das Kind ständig auf dem Schoß zu haben. Dadurch, dass wir seit einem Jahr unseren Anhänger haben, können wir natürlich einiges an Stauraum schaffen und müssen aufpassen, dass wir am Ende nicht zu viel mitnehmen und übertreiben.

Funfact: Ich neige zu Übertreibungen. Man darf nie vergessen, dass man gerade bei kurzen Trips sehr viel am Aus-, Um- und Einräumen ist und dadurch viel Zeit verloren geht, die man auch mit Baden im See oder Dösen im Stuhl verbringen könnte.

Wenn wir diese Dinge eingepackt haben, folgen Decken für den Kleinsten und mich und die Schlafsäcke von Arne und den Mädels. Am Anfang sind wir mit unseren eigenen Decken verreist, wegen des bekannten Schneckenproblems. Gerade im Frühjahr können die Nächte teilweise noch sehr kalt sein und die Decken sind uns mehr als einmal weggerutscht und haben daher nicht sehr warmgehalten. Arne, der schon immer seinen Schlafsack dabei hatte, schlug vor, für Mathilde und Carlotta einen Schlafsack zu besorgen. Da die beiden es liebten, in seinen Schlafsack zu krabbeln, stürzte ich mich direkt in die Recherche. Bob Andrews lässt grüßen. Es gibt tolle Kinderschlafsäcke, die eine Komfortzone von bis zu 0 Grad Celsius bieten und die Kinder auch warmhalten, wenn es mal ein wenig frischer ist. Arne hat sich vor Jahren einen gebrauchten Bundeswehrschlafsack zum Geburtstag gewünscht und Mama hat ihrem Sohn natürlich einen gekauft. Mit diesem nächtigt er

in irgendwelchen Wäldern oder auf dem Sofa meiner Eltern, wenn wir sie besuchen.
Was auf Reisen auf keinen Fall fehlen darf, ist ausgewähltes Spielzeug. Zum einen gibt es den Kindern ein Gefühl von zu Hause, weil sie Gewohntes dabei haben, zum anderen darf man nicht davon ausgehen, dass jedes Kind gerne reist und alles spannend findet. Diese Erfahrung durften wir schmerzlichst auf unserem ersten Trip nach Schweden machen. Arne ist der festen Überzeugung gewesen, dass es für Kinder reicht, einen Stock, einen Stein und einen See zu haben. Schließlich wäre das auch für ihn damals alles gewesen, wenn er mit seinen Eltern zelten war. Diese Information stellte sich in zweierlei Hinsicht als falsch heraus. Erstens, unseren Kindern reichen Stöcke und Steine nicht aus. Auch nicht, wenn ein See dabei ist. Nach 30 Minuten waren sie von Arnes Ausführungen über den schönen See und den riesigen Wald so gelangweilt, dass sie sich nichts sehnlicher wünschten als ein UNO-Spiel oder eine Puppe. Zweitens, nach einem kurzen Gespräch mit Arnes Eltern stellte sich heraus, dass auch er als Kind gerne etwas Spielzeug mit in den Urlaub genommen hat. Konkret hatte er grundsätzlich sein kleines rotes Köfferchen mit seinen Spielfiguren dabei. So viel dazu.

Seitdem haben wir immer eine Kiste mit Spielzeug im Gepäck. Meist wird es erfahrungsgemäß wenig genutzt, weil die Kinder den ganzen Tag auf dem Platz, in der Natur oder am Strand unterwegs sind, aber wenn doch Langeweile aufkommt, sind wir auf der sicheren Seite.

Tipp #5:
Um Platz zu sparen, benutzen wir stapelbare Eurokisten, die nach Themen gepackt werden und die man während des Campings entweder ins Vorzelt oder auf die Sitze stellen kann. So findet jedes Familienmitglied ganz einfach seinen Kleiderschrank.

Tipp #6:
Es gibt für Kinder großartige Schrankkoffer, die ihr entweder in den Kofferraum oder in euren Camper/ Vorzelt stellen könnt. Hier können die Kleinen selbständig werden und sich ihre Kleidung selbst heraussuchen.

Tipp #7:
Falls ihr in kalten Gegenden campen wollt, eignet sich ein Schlafsack immer besser als eine Decke. Schlafsäcke für Kinder und Erwachsene findet ihr in jedem Outdoorgeschäft oder im Internet. Achtet auf die Komforttemperaturen und die Größe. Eine Komfortzone um 0 Grad Celsius ist hervorragend. Außerdem sollte der Schlafsack weder zu groß noch zu klein sein.

Lange Autofahrten und Kinderbeschäftigung

Die meisten Eltern kennen es. Der Urlaub beginnt. Man steigt ins Auto, ist von der vorhergehenden Packerei latent gestresst und nervlich nahe dem Siedepunkt, fährt los und nach fünf Minuten kommt das erste Mal ein zaghaftes „Wann sind wir endlich da?“ vom Rücksitz. Gefolgt von einem weniger zaghaften „Ich habe Hunger“ und einem absolut nicht mehr zaghaften „Ich muss aufs Klo!“ nach weiteren dreißig Minuten. Nach einer Stunde Fahrt haben wir meist alles gehört. Hunger, Pipi, Langeweile, sie ärgert, er nervt, es ist zu laut, es ist zu warm und so weiter und so fort.

Um das zu vermeiden, mussten wir irgendwann darüber nachdenken, wie die Fahrten für uns alle angenehmer verlaufen können. Auch wenn wir sehr darauf achten, dass wir nicht zu lange Autofahrten einplanen, lässt es sich manchmal nicht vermeiden. Das liegt daran, dass wir mit dem Anhänger nicht sehr schnell fahren können und, wer kennt es nicht, die Autobahnen gerade in Ferienzeiten verstopft sind. Baustellen, Spurverengungen oder eine geschlossene Fahrbahn im Tunnel. Dazu kommt, dass wir oft aufgrund des Kleinsten in unserem Bunde eine Stillpause einlegen müssen und irgendeiner muss eigentlich immer auf die Toilette, hat Hunger auf einen Cheeseburger oder möchte sich kurz zwischendurch die Beine vertreten oder ein kleines Tänzchen aufführen. Die Tanzpausen sind mir dabei mit Abstand die Liebsten. Ich bin es meist nicht, weil ich nichts weniger leiden kann, als auf Reisen anzuhalten. Lieber sitze ich acht Stunden lang mit eingeklemmten Beinen, durch den vollgepackten Fußraum im Auto, als auf die Toilette an einem Rastplatz zu gehen. Während ich also mit einer randvollen Blase und verkrampften Beinen dasitze, das ganze Auto mit meinem vorher eingepackten Essen, dass vorne zwischen meinen Beinen liegt, voll krümele, nur um nicht anzuhalten, gibt es ohne unsere Beschäftigungsideen tausend Gründe, alle dreißig Minuten einen Stopp einzulegen. Es gibt nichts, was mich mehr kirre macht, als das Gefühl, sich nicht vom Fleck zu bewegen, wenn ich doch eigentlich nur im Urlaub ankommen will, und für alles doppelt so lange zu brauchen, wie vorher geplant. Deswegen sitze ich meist mit rollenden Augen und knirschenden Zähnen auf dem Beifahrersitz, wenn schon wieder jemand auf die Toilette gehen möchte. Aber was muss, das muss!

Wenn wir vorab wissen, dass wir eine lange Tour vor uns haben, fahren wir in den meisten Fällen abends los und in die Nacht hinein. Das ist für uns der entspannteste Weg lange Strecken zu bestreiten, da die Kinder fast nichts von der Fahrt mitbekommen und den Großteil der Fahrt schlafen können. Bevor sie die Augen schließen, spielen wir noch ein Spiel oder sie dürfen ihre Lieblingsfolge auf unserem Autotablet schauen. Die klassischen Autospiele bei uns sind „Tiere raten", bei Mathilde grundsätzlich eine Biene, „Ich sehe was, was du nicht siehst", oftmals Dinge auf der Rückbank, die ich wirklich nicht sehen kann oder wir „Sammeln Autos“. Dafür sucht sich jeder eine Farbe aus und zählt alle Autos, die diese Farbe haben. Arne liebt dieses Spiel, denn er wählt grundsätzlich gelb und freut sich wie ein Honigkuchenpferd, wenn wir an einem DHL-Laster vorbeifahren.

Da ich absolut nachtblind bin, können wir uns nachts leider beim Fahren nicht abwechseln, aber wenn beide Partner fahren können, ist das ein guter Weg, einiges an Strecke zu schaffen, ohne quengelige Kinder auf dem Rücksitz, die alle zehn Minuten von hinten rufen, wie lange es denn noch dauert. Auch, wenn nur eine Person fährt, funktioniert es gut. Arne startet ausgeruht in die Nacht, kann am nächsten Morgen länger schlafen und ich kümmere mich um die Kinder. Nachts will er dann eh nichts von mir hören, sondern macht sich ein Hörbuch an oder trällert fleißig Taylor Swift oder Country-Songs mit. Sein Lieblingsalbum „folklore“ kenne ich mittlerweile in- und auswendig.

Wenn wir uns ein Ziel ausgesucht haben, das nicht weit entfernt ist, wir aber trotzdem ein paar Stunden im Auto verbringen werden, habe ich selbstverständlich vorher einige Dinge beachtet und vorbereitet. Der beste Trick, der bisher immer funktioniert hat, ist, Spielzeug einzupacken, das sie gerne mögen, aber lange nicht mehr benutzt haben. Das packe ich in eine Autobox, die mehrere Fächer hat und neben dem Sitz der Mädchen steht. So können sie sich während der Autofahrt selbst bedienen.

Eine weitere Sache, die immer mitkommen muss und mit der sich die beiden Großen super gerne beschäftigen, ist eine geniale Mappe mit Malutensilien. Unsere ist von Ikea. Die Malmappe wird aufgeklappt und ist in zwei Seiten aufgeteilt. Links befinden sich Gummibänder, in die man Stifte, einen Klebestift und einen Anspitzer stecken kann und auf der rechten Seite ist ein Fach für unbemaltes Papier. Das Papier halten die Kinder nicht immer für notwendig, wenn es doch auch möglich ist, die Innengestaltung des Autos auf dem Weg zu einem unserer Campingausflüge selbst in die Hand zu nehmen. Wir hatten uns schon an die ungewohnte Stille im hinteren Teil des Autos gewöhnt, es kurz genossen, da das wirklich selten vorkommt. Als ich mich irgendwann nach hinten umdrehte, sah ich, warum es so still war. Mathilde, die zu ihrer Verteidigung, damals wirklich noch sehr klein war, hatte einen dicken Wachsmalstift in die Hand bekommen und schön säuberlich den ganzen Vordersitz mit ihren Kunstwerken verziert. Zurück zur Malmappe. Wenn man sie schließt, hat man auf der Oberseite einen festen Untergrund, der sich wie ein Tisch verhält und dafür sorgen soll, dass die Kinder im Auto malen können, ohne ihre Knie oder ein Buch als Unterlage zu benutzen. Jedes Kind hat damals eine eigene Mappe bekommen, damit es keinen Streit gibt. Den gibt es zwar sowieso, aber ich versuche das Risiko zu minimieren.

Vorher kann man sich schon schöne Spiele und Aufgaben überlegen, bei denen die Kinder ihre eigenen Ideen auf Papier bringen können. Ein weiterer und eigentlich der wichtigste

Tipp, in meinen Augen, ist ein adäquater Vorrat an Snacks und Getränken! So wenig unsere Kinder zu Hause am Tag danach fragen, so viel machen sie das auf einmal im Auto. Drei Minuten nachdem wir eingestiegen sind, fragt meist die Erste, was und wann es etwas zu essen gibt. Ich bin mir nicht ganz sicher, ob wir die Kinder so konditioniert haben, weil wir ihnen schon von klein auf Essen auf längeren Fahrten angeboten haben oder, ob das einfach so ist. Deswegen packe ich vorher eine Menge Snacks ein, die ich, bevor wir losfahren, in unserem Fach über den Fahrer- und Beifahrersitzen nach Themen verstaue.

Meist habe ich eine Tüte mit belegten Brötchen, Brezeln und ein bisschen Obst dabei. Ansonsten: Snacks, Snacks, Snacks. Hier ist Vorsicht geboten bei den ganz kleinen Mitfahrern. Diese bitte nicht unbeobachtet in ihren Sitzen essen lassen, da sie sich sehr leicht verschlucken können. Ebenso verzichten wir, und das nicht nur im Auto, auf Nüsse als Snacks. Einfach weil es uns zu gefährlich ist und sie bei falschem Einatmen durch zum Beispiel eine ruckartige Bewegung oder das plötzliche Bremsen eine Erstickungsgefahr besteht.

Natürlich muss man im Auge behalten, dass es nicht zu viel und ungesund wird und am Abend darauf geachtet wird, dass die Zähne ordentlich geputzt werden. Allerdings sind wir auf Reisen sehr entspannt, was Süßigkeiten angeht. Für mich ist das nicht der Alltag und deswegen gelten unterwegs andere Regeln.

Eine weitere Sache, mit der ich unsere tolle Autobox zur Beschäftigung fülle, sind Stickerbücher und Rätselhefte. Hier achte ich darauf, dass es entweder ganz alte Hefte, die schon ewig nicht mehr benutzt wurden, sind, oder kaufe sie kurz vor der Reise neu in der Buchhandlung. Ich achte selbstverständlich darauf, dass die Bücher Themen behandeln, die gerade relevant für die Kinder sind, damit sie sich länger damit beschäftigen und interessiert sind. Ich mache das vorher heimlich und zeige sie den Kindern nicht, bevor unsere Reise startet, da sie diese kleinen Überraschungen lieben und sich jedes Mal richtig freuen, was die Laune enorm hebt. Als Letztes kommen noch ein paar Spielzeuge, mit denen sie momentan am liebsten spielen, mit ins Auto und selbstverständlich das Lieblingskuscheltier.

Vorne in unserem Fach auf dem Armaturenbrett haben wir eine Menge CDs für Kinder, die wir immer mal wieder durchtauschen und auch hier hören wir uns oft einfach eine schöne Geschichte zusammen an. Mehr braucht es in den meisten Fällen gar nicht und wir schaffen es ohne große Beschwerden, dass es den Kindern langweilig ist, am Zielort anzukommen.

Halt! Manchmal gibt es Tage, an denen nichts wirklich interessant ist. Da wird sogar, nachdem wir das siebte Mal „Ich sehe was, was du nicht siehst“ gespielt haben, nur gemeckert und gestritten. Hier ziehe ich mein kleines Ass aus dem Ärmel, das für solche Situationen und ein bisschen auch fürs Wachhalten eines Kindes, falls der Zeitpunkt für einen vierten Mittagsschlaf gerade etwas suboptimal ist, gedacht ist: unser Autotablet.

Wir haben ein Kids Tablet von Amazon und ich würde nie etwas anderes kaufen. Man kann vorher entscheiden, welche Inhalte die Kinder sehen können und diese praktischerweise schon im Vorfeld herunterladen. So kann das Tablet ohne bestehende Internetverbindung unterwegs genutzt werden. Ich bin damit völlig fein und entspannt, allgemein was Medien angeht, da unsere Kinder viel Zeit an der frischen Luft verbringen und sich für ganz viele Dinge außerhalb dieses Spektrums interessieren. Wenn mal der Wurm drin ist und nichts wirklich funktioniert, dürfen sie auch länger davor sitzen.Das kann auch zu einer Win-Win-Situation werden, da wir Erwachsenen in der Zeit natürlich ebenfalls unsere Ruhe haben und zumindest der Beifahrer sich ein bisschen ausruhen kann. Für mich gilt immer, wenn die Kinder zufrieden und beschäftigt sind, können auch wir eine angenehme Fahrt haben. Daher gebe ich alles, um das zu erreichen, und das funktioniert seit Jahren und mit meinen Routinen sehr gut.

Tipp #8:
Unsere Kinder beschäftigen sich am liebsten mit Spielzeug, das sie noch nicht kennen oder mit dem sie schon lange nicht mehr gespielt haben!

Tipp #9:
Snacks! Perfekt, um die Zeit zu überbrücken. Man kann nie genug davon dabeihaben.

Tipp #10:
Wenn ihr lange Strecken plant, fahrt in den Abend hinein und wechselt euch ab. Es ist für alle entspannter, da die Kinder schlafen können. Falls ihr am nächsten Tag müde seid, könnt ihr euch bei der Betreuung der Kinder abwechseln!

Herausforderungen und Problemlösungen auf Reisen…

Reisen mit der ganzen Familie. Das weckt in uns allen Glücksgefühle und wir können es kaum erwarten, bis die Campingsaison erneut beginnt. Schon Monate im Voraus überdenken wir unseren Aufbau, checken, was wir noch brauchen, schreiben Listen mit Reisezielen, die wir dieses Jahr entdecken wollen und malen uns die tollsten Trips aus. Ich erstelle natürlich zusätzlich noch Ordner auf meinem Handy mit den besten Tipps, die ich für die angepeilten Regionen, in den Weiten von Social Media, finden konnte. Die Vorfreude ist riesig, bevor die nächste Reise beginnt.

Bis das erste Mal etwas schiefläuft und wir merken, dass unsere Vorstellung mal wieder ein bisschen von der Realität entfernt ist. Eine Herausforderung, bevor wir unsere Reise überhaupt antreten können, ist oft das Packen des Autos, bei dem auf einmal nichts mehr so reinpasst, wie wir es vorher geplant hatten und was uns das ein oder andere Mal ganz knapp an einer Scheidung vorbeischrammen ließ. Wir haben beide völlig verschiedene Vorstellungen, wie man ein Auto richtig packt. Ich bin eher der Typ „Ich denke vorher acht Stunden und 30 Minuten darüber nach, an welchen Koffer ich zuerst muss und wo die Kühltruhe am besten steht, was hinten und vorne mehr Sinn macht usw“ und Arne ist eher der Typ „Schmeiß einfach alles rein, irgendwie wird's schon passen“. Wir haben im Laufe der Zeit bemerkt, dass es keinen Sinn macht, das Auto zusammen zu packen und uns das in keinster Weise zusammenschweißt, sondern uns eher noch vor Reisebeginn entzweit. Ich habe diese Aufgabe übernommen, während Arne leise oder mal etwas lauter darüber schimpft, dass ich noch langsamer als eine Schnecke bin. Ich muss zugeben, dass er manchmal Recht damit hat, aber mich mit einer Schnecke zu vergleichen, nachdem er weiß, wie traumatisch meine bisherigen Begegnungen mit jeglicher Art von Schnecken waren, führt oft zu einer weiteren Diskussion. Ich bin eventuell langsam im Packen, aber mir ist es lieber, sofort an die benötigten Dinge heranzukommen, als erstmal das ganze Auto ausräumen zu müssen, um in den Tiefen der letzten Kiste eine dringend benötigte Windel herauszufischen. Bis ich die besagte Windel gefunden habe, ist meistens alles zu spät und wir stehen vor dem nächsten Problem. Denn so romantisch man sich das Reisen vorstellt, vor genauso vielen Problemen steht man oft auch.

Ein weiteres Problem zu Beginn der Reise kann zum Beispiel die Laune der einzelnen Familienmitglieder werden, wenn das Packen wieder etwas stressig war. Es kam schon öfter vor, dass nicht nur einer von uns weinend von der Auffahrt fuhr. Meist waren es ich oder eins der Kinder. Als wir letzten Sommer zu einem Trip an die Ostsee starteten, der etwas länger gehen sollte und deswegen gut durchdacht werden musste, gerieten Arne und ich wegen irgendeiner Kleinigkeit aneinander.

Da ich ein kleiner Schussel bin, kam es schon vor, dass wir an einem Ort ankamen, der nicht gerade nah an unserem Wohnort war und wir schmerzlich bemerken mussten, dass ich die Schlüssel für unser Dachzelt nicht mitgenommen habe. Ich erinnere mich noch an die Stille auf dem Rückweg.

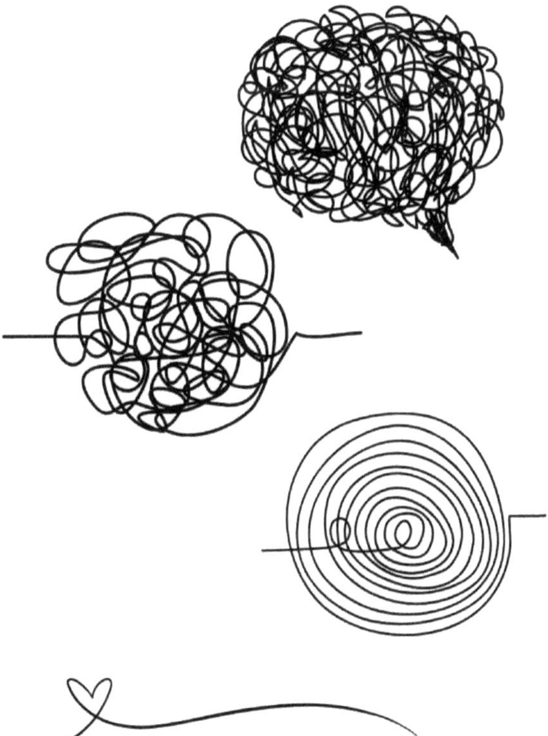

Geschwister auf Reisen - alles wie zu Hause

Ich bin Einzelkind und konnte mir nie wirklich vorstellen, wie es ist, Geschwister zu haben. Mein ganzes Leben gab es nur mich und meine Eltern. Und natürlich Freunde, aber eben nur dann, wenn ich darauf Lust hatte. Das war einerseits sehr vorteilhaft, weil ich zu Hause nichts teilen musste, andererseits gab es ab einem gewissen Alter einen kleinen dumpfen Schmerz, der mich oft eine leichte Einsamkeit fühlen ließ. Je älter ich wurde, desto mehr fehlte mir jemand an meiner Seite, mit dem ich meine Probleme, die ich zeitweise auch mit meinen Eltern hatte, besprechen konnte. Ich fühlte mich in gewissen Lebensphasen unverstanden und habe mir immer vorgestellt, dass das mit Geschwistern ganz anders gewesen wäre. Später, als ich erwachsen wurde, las ich viel dazu, redete mit Freunden und meiner Psychologin über das Geschwister-Thema. Es kristallisierte sich heraus, dass meine Vorstellung höchstwahrscheinlich ein reiner Wunschgedanke ist und es auch zwischen Geschwistern nicht immer so harmonisch abläuft, wie ich mir das oft ausgemalt hatte. Ich erfuhr, dass nicht alle Geschwister sich gut verstehen, viele sogar kein Wort mehr miteinander sprechen und manche von ihnen im Alter die besten Freunde geworden sind. Es tat gut, den Gedanken so zurechtzurücken, dass ich nicht mehr unbedingt dachte, dass Geschwister einen retten. Trotzdem blieb der Wunsch, dass meine eigenen Kinder mit anderen Kindern aufwachsen und Geschwister bekommen sollen. Arne sah das anders. Er selbst hat drei Geschwister und plädierte sehr dafür, dass Carlotta ein Einzelkind bleibt. Wie es am Ende ausgegangen ist und wer sich durchgesetzt hat, wissen wir alle. Wobei wir hier nicht von Kuckuckskindern sprechen, sondern die Entscheidungen letztendlich doch immer zusammen gefällt wurden. Jetzt stehen wir hier mit drei wundervollen Kindern, die alle keine Einzelkinder sind, sondern jeweils zwei Geschwister haben. Das ist hingegen meiner Vorstellung nicht immer harmonisch, sondern oft sehr nervenaufreibend. Und anstrengend und laut. Also ganz anders, als ich es mir vorgestellt habe. Denn in meinem Kopf sah das Reisen mit Kindern immer so aus, dass unsere Drei sich ganz anders verhalten als zu Hause. Dort scheint die Sonne, alle sind unbeschwert, glücklich und es gibt keine Probleme. Mal wieder ein bisschen zu sehr geträumt. Es hat sich im Laufe der Jahre herausgestellt, dass Geschwister auf Reisen immer noch Geschwister bleiben. Sie sind laut, diskutieren, streiten, kuscheln miteinander, lieben sich abgöttisch, beschimpfen sich und finden die süßesten und wärmsten Worte füreinander. Und das alles fast zum gleichen Zeitpunkt.

Damit wir nicht die meiste Zeit damit verbringen, irgendwelche kleinen Geschwisterstreitigkeiten zu schlichten, sind wir mittlerweile sehr gut darin, schnell zu erkennen, wenn die Luft dicker wird und wir die zwei größeren Mädels zwischendurch trennen müssen. Wir unternehmen dann getrennte Dinge und wenn es nur das Duschen oder ein Spaziergang ans Meer ist. Die Aktivitäten müssen nicht mehrere Stunden dauern, manchmal reichen schon zehn Minuten Pause und die beiden sind wieder ein Herz und eine Seele. Und das meist sogar mehr als zu Hause. Das kann schnell auch ins andere Extrem umschwenken. Sie haben die Gabe, zu einer kleinen, feinen und explosiven Einheit zu werden, mit der sich keiner anlegen möchte. Dann wird getuschelt, sich verbündet, gekichert, und den ganzen Tag barfuß im Dreck des Stellplatzes umhergelaufen. Ich erinnere mich gerne an unseren Sommer in Schweden zurück, als die beiden unzertrennlich waren. Carlotta hat sich hingebungsvoll um Mathilde gekümmert und ich musste mir etwas anhören, wenn ich mit ihr essen wollte und sie das nicht machen durfte.

Sie haben die Stellplätze, die wir zu der Zeit hatten, unsicher gemacht, sich gemeinsam Freunde gesucht und den ganzen Tag mit anderen Kindern gespielt. Es war egal, welche Sprache die anderen Kinder sprachen, zu zweit haben sie sich alles getraut. Das mit anzusehen, hat mich und Arne sehr glücklich gemacht, auch wenn das Gefühl manchmal nicht ganz so lange anhielt. Denn wenn wir irgendwann etwas von ihnen wollten, stellten sie sich oft breitbeinig vor uns und riefen synchron und in einer Lautstärke, dass es uns fast von unseren Campingstühlen fegte: „Nein!“ Arne und ich machten schon immer Scherze darüber, wie es wohl wäre, wenn die beiden die Weltherrschaft an sich reißen würden und wie wir beide wohl davonkommen würden. Die gemeinsam gefundene Antwort war: „Nicht sehr gut.” Oft sind es nur die äußeren Einflüsse, wenn sich mal wieder ein Geschwisterstreit oder ein Missverständnis anbahnt. Dann bekommt das andere Geschwisterkind den Groll ab, der ihm eigentlich gar nicht gebührt.

Zum Beispiel spielen Hunger und Müdigkeit bei unseren Kindern eine große Rolle. Nicht nur auf Reisen, sondern auch daheim. Wenn eins der Kinder Hunger hat oder müde wird, kann man sofort merken, wie die Stimmung in den Keller geht und oft wird das an jedem ausgelassen, der sich gerade in der Nähe befindet. Unsere Aufgabe ist es, darauf zu achten, dass alle überhaupt nicht in diesen Modus kommen. Seit wir unser Augenmerk etwas mehr darauf gelegt haben, ist es viel harmonischer, wenn wir unterwegs sind. Seit der Kleinste im Bunde ist, sind die beiden zu liebevollen großen Schwestern herangewachsen und so sehr sie sich manchmal streiten, so nett sind sie zu ihrem Bruder. Noch! Aber bis auch hier der erste Streit ausbricht, genießen wir es einfach und sind froh, dass wir zwei fleißige Helferlein haben, wenn es darum geht, mit ihm zu spielen oder ihn abzulenken, während wir zum Beispiel unseren Auf- und Abbau machen, abspülen, kochen oder einfach mal die Beine hochlegen. Weil's ja Urlaub ist.

Ist Reisen mit Kindern wirklich Urlaub?

Die Frage habe ich mir anfangs, als wir die ersten Male mit nur einem Kind verreist sind, oft gestellt. Nach jedem Urlaub kam ich wenig bis gar nicht erholt zurück und erinnere mich noch, wie enttäuscht ich anfangs war, weil die Realität wieder überhaupt nicht mit meiner Vorstellung übereinstimmte. Unsere erste Reise ging vor über sechs Jahren mit dem Flugzeug nach Mallorca. Carlotta war sechs Monate alt und es war unser erster Urlaub mit Kind. Schon am Flughafen war ich so aufgeregt und die Freude auf einen entspannten Urlaub zu dritt war riesengroß. Wir waren ein Student und eine Erzieherin in Elternzeit und haben unsere allerletzten Euros zusammengekratzt und uns in einem mittelguten bis schlechten Club-Hotel auf Mallorca eingebucht. Uns war es egal, was das Hotel zu bieten hat, wir wollten einfach in die Sonne und mit unserem ersten Baby gemütlich am Pool oder Strand liegen. Das Hotel war sehr günstig und, dass in den Bewertungen vorher stand, dass das Essen nicht schmeckte, ignorierten wir gekonnt. Wir freuten uns auf eine Woche voll Sonne und Erholung.

Ich stellte mir, als ich noch im kalten Deutschland saß, vor, dass wir Carlottas Schläfchen am Tag dazu nutzen würden, am Pool zu liegen, kalte Getränke zu trinken und ein bisschen Paarzeit zu genießen. Das erste halbe Jahr war ziemlich hart und gerade die Zeit zu zweit, die wir zu Hause nie wirklich hatten, konnten wir sehr gut gebrauchen. Pustekuchen!

Auf Mallorca angekommen, kam alles anders. Dort entpuppte sich das sonst so zufriedene Baby als genervtes, dauernd müdes und unzufriedenes Baby. Carlotta war unheimlich vielen neue Eindrücken ausgesetzt und es war sehr warm, da wir unsere Reise im Juli antraten. Alles Dinge, worüber wir einfach nicht nachgedacht hatten, weil wir immer noch auf der Welle schwammen, dass ein Kind nicht das ganze Leben umkrempeln muss und man es einfach mitnimmt und es schon funktionieren wird. Es wurde seit das Flugzeug den mallorquinischen Boden berührte, plötzlich nicht mehr im Kinderwagen geschlafen, sondern nur noch in der Trage oder im Hotelbett. Es wurde nicht mehr gegessen, sondern immer nach einem Fläschchen Milch verlangt, was logistisch ein großes Problem darstellte, da man ständig entweder zurück ins Hotelzimmer laufen oder jemanden fragen musste, ob er einem schnell Wasser kochen kann. Dass seit der Ankunft auf Mallorca auf einmal alles anders lief, bedeutete, dass ich entweder am Pool wie ein Storch auf Crack mit einem Baby im Tragetuch bei über 30 Grad auf und ab ging und Carlotta stundenlang versuchte, in den Schlaf zu wippen oder im dunklen Hotelzimmer lag und nichts von der Sonne draußen mitbekam. Was ich aber mitbekam, war das Grölen einiger betrunkener Männer, die den Poolbereich jeden Tag nutzten, um sich von ihrer dickbäuchigsten und lautesten Seite zu zeigen. Mir wurde ganz langsam, und es dauerte tatsächlich noch einige Urlaube, bewusst, dass Reisen mit Kindern irgendwie ein bisschen anders zu sein schien, als ich es mir immer vorgestellt hatte. Ich habe gelernt, dass Kinder und ihre Angewohnheiten auf Reisen unberechenbar sein können. Dass es manchmal drei bis vier Tage dauert, bis sie sich überhaupt akklimatisiert haben, am Urlaubsort angekommen sind und sich alles eingependelt hat und, dass deswegen Flugreisen für sieben Tage eigentlich zu kurz sind, da man zwei Tage vor Abflug den Urlaub erst so richtig genießen kann. Ich habe gelernt, dass es mir selbst besser geht, wenn ich meine Erwartungen fast gen Minimum herunterschraube, damit ich am Ende nicht weinend unter einer Palme oder in meinem kleinen Camper sitze und mich frage, warum es bei anderen auf Reisen immer so harmonisch und leicht aussieht und es bei uns einfach nicht klappen will. Während ich natürlich weiß, dass das alles Luxusprobleme sind.

Ich habe herausgefunden, dass Urlaube und kleine Kurztrips mit Kindern unter sechs Jahren einfacher sind, wenn man sich von Anfang an voll und ganz auf die Kinder einlässt. So schwer das manchmal ist und so sehr sich alles in einem ab und zu dagegen sträubt, weil man die früheren Reisen mit seinem Partner, bei denen man erholt und braun wieder zurückkam, vermisst. Mit dem Einlassen auf die jüngsten Familienmitglieder meine ich nicht, dass die Kinder den ganzen Tag und auch nicht den ganzen Urlaub bestimmen sollen, aber es ergibt oft einfach Sinn, sich nach ihrem Tempo zu richten. Eine Sache, die mir irgendwann, nachdem wir ein paar anstrengende Urlaube mit mittlerweile zwei Kindern hinter uns hatten, ist, dass weniger oft mehr ist. Weniger Termine, weniger Ausflüge, weniger Verpflichtungen und weniger Stress. Ich hatte früher, als ich noch solo oder mit einem Freund oder einer Freundin verreiste, immer den Gedanken, dass ich einen Urlaub vollkommen ausnutzen muss. Immerhin ist es meistens ein sehr teures Vergnügen. Das nicht auszunutzen, wäre schade. Ich wollte alles sehen und nichts verpassen. Ich wollte die Länder, die Kulturen, die Erlebnisse und die Menschen, die dort leben, aufsaugen und mir unglaublich viele neue Erinnerungen schaffen. Dass das mit Kindern nicht mehr so gut oder eben anders funktioniert, war ebenfalls ein Learning, dass manchmal etwas schmerzhaft, aber gleichzeitig sehr wichtig war, um endlich entspannt reisen zu können. Ich glaube nicht, dass ich an dem Punkt angekommen wäre, an dem ich heute bin, wenn ich nicht diese vielen herausfordernden Erlebnisse auf unseren bisherigen Reisen gemacht hätte.

Ich erinnere mich, wie ich zum Beispiel mit meiner Mutter und den zwei Mädchen, lange bevor es Casper gab, für eine Woche an die Nordsee fuhr. Mathilde war gerade ein halbes Jahr alt und Carlotta war vor ein paar Monaten drei Jahre alt geworden. Die Kleinste schlief noch viel und war entweder bei mir oder meiner Mutter in der Trage, während die Große uns täglich vor neue Herausforderungen stellte. Sie war wie ausgewechselt, als wir das Schiff verließen, das uns auf die Insel fuhr, die wir seit dreißig Jahren jedes Jahr im Sommer besuchten. Damit verbinden wir so viele schöne Erinnerungen an unsere gemeinsame Zeit als Familie. Auf Wangerooge angekommen, hatte ich plötzlich ein völlig neues Kind bei mir. Sie war bockig, machte nichts, was wir wollten und ich konnte nicht mehr zählen, wie oft sie einen Schreianfall bekam, weil irgendetwas nicht nach ihrer Nase ging. Schon am dritten Tag googelte ich heimlich die Fährverbindungen zurück nach Hause, weil es für uns alle schier unerträglich war, das den ganzen Tag mitzutragen und immer liebevoll darauf einzugehen. Wir hatten es uns anders vorgestellt und unser Frieden wurde gestört. Ich grübelte und grübelte und rief fünf Mal am Tag Arne an, um zu jammern, weil es so anstrengend war. Irgendwann redete ich mit einer Freundin, die mir auf Whatsapp schrieb, ob wir denn einen schönen Urlaub haben. Es brach nur aus mir heraus und ich saß weinend da, weil ich nicht wusste, warum mein Kind ständig ausflippte, über die ganze Insel schrie und völlig durch den Wind war. Ich hatte das Gefühl zu versagen, weil ich sie, nicht wie sonst, beruhigen konnte und jeder Versuch, doch noch einen entspannten Tag am Meer zu verbringen, scheiterte kläglich. Meine Freundin hörte sich alles an und rief mich sofort zurück. Der erste Satz, der ihren Mund verließ war: „Sag mal Merle, kann es sein, dass Carlotta einfach nur ihren Papa vermisst?“ Es fiel mir wie Schuppen von den Augen. Arne und sie hatten schon immer eine sehr enge Bindung und Beziehung und es ist selbst für mich schwer, dagegen „anzustinken“. Das möchte ich im Alltag auch nicht, weil ich die Verbindung schön und wertvoll finde und die beiden oft ihr Ding machen lasse. Dass ihr Lieblingsmensch nun auf einmal für eine Woche nicht an ihrer Seite ist und ihr das so viel Sicherheit nimmt, da wäre ich im Leben nicht von selbst drauf gekommen. Das war für mich der Punkt, an dem ich realisiert habe, was das Problem ist, wenn man es überhaupt Problem nennen kann.

Die Kinder werden plötzlich aus ihrer gewohnten Umgebung gerissen und wir erwarten von ihnen, dass sie genauso funktionieren, wie sie es zu Hause machen. Dass sie zur gleichen Zeit schlafen, dass sie glücklich und zufrieden sind und dass ihnen eine Flugreise, eine lange Autofahrt oder eine aufregende Fahrt mit einem Schiff nichts ausmacht.

Eine weitere Sache, die natürlich gerade bei längeren Reisen wegfällt, ist die Fremdbetreuung und die Pausen, die man sonst von seinen Familienmitgliedern hat. Wie Pausen? Von seinen geliebten Kindern? JA! Für uns wichtig, um ein bisschen Abstand zwischendurch zu gewinnen und die anderen Personen im Haushalt auch mal kurz zu vermissen. Ist das Kind sonst vier bis fünf Stunden am Tag im Kindergarten, kann es schon sein, dass man irgendwann merkt, dass diese täglichen Pausen auf Reisen fehlen, wenn man mehrere Wochen oder Tage miteinander auf engstem Raum lebt. Das alles sind Dinge, die uns oft erst während unterwegs aufgefallen sind und die wir seitdem vorher schon versucht haben, zu bedenken.

Ist das Ziel wirklich geeignet für uns fünf und wird jeder dort auf seine Kosten kommen? Ist es möglich, dass wir durch die Gegebenheiten am Urlaubsort auch die Möglichkeit haben uns zu erholen oder bedeutet der geplante Trip mehr Stress für uns und es wäre entspannter zu Hause zu bleiben? Gibt es genug Möglichkeiten und Angebote für die Kinder, die sie nutzen können, wenn ihnen langweilig wird?

Ich werde nie die Gesichter der beiden Mädels vergessen, als wir an unserem schönen See in Schweden standen und sie uns entgeistert fragten, was wir denn nun hier machen. GESCHICHTE?

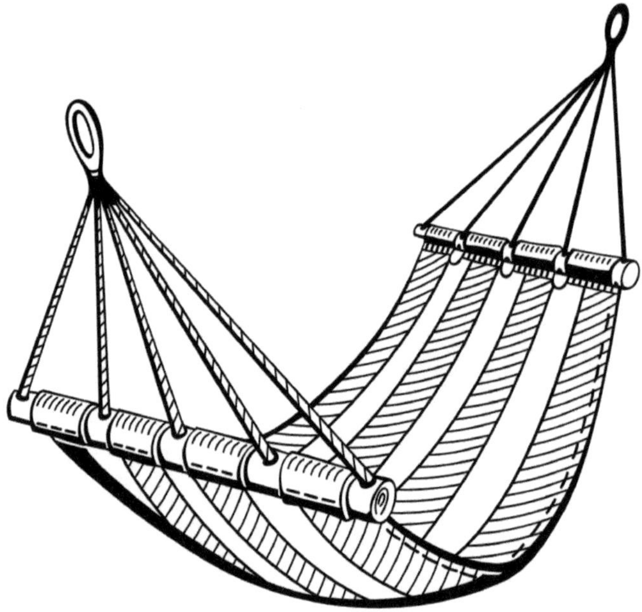

Zwischen Action und relaxen

Ich möchte ehrlich sein. Wenn ich an Urlaub denke, sehe ich mich im Bikini auf einer Sonnenliege. Sonnenbrille im Gesicht, eine eiskalte Cola oder ein leckerer Cocktail auf dem Beistelltisch und wenn es sehr gut läuft, auch das Rauschen des Meeres in meinen Ohren. Für mich heißt Urlaub, mich entspannen und völlig abschalten. Morgens ausgiebig frühstücken und abends so viel an lokalen Spezialitäten ausprobieren, wie nur möglich. Lange habe ich genauso Urlaub gemacht. Klar, sobald das erste Kind da war, ist diese Wunschvorstellung wie eine Seifenblase geplatzt. Jedoch, mit der einen oder anderen Anpassung, konnte ich meinen Traum vom Braunwerden am Pool immer noch leben. Arne schmeißt Carlotta durch den Pool und macht den Clown, während ich eben wie ein Backfisch in der Sonne liege und mich grillen lasse. Beim Camping möchte ich nicht auf dieses Gefühl verzichten müssen. Natürlich gehe ich nicht mehr einfach an die Hotelbar und hole mir ein neues Glas Cola, aber warum sollte ich nicht auch während eines Campingtrips völlig abschalten können? Es gibt keinen Grund.

Was es gibt, sind Anpassungen, die gemacht werden müssen. Natürlich kann ich keine weiße Sonnenliege aus Kunststoff in den Hänger schmeißen, um diese vor unsere Markise zu stellen, morgens um 6:30 Uhr aufzustehen und den Platz mit meinem Handtuch zu reservieren. Was ich allerdings kann, ist, mich um bequeme Campingmöbel kümmern. Es gibt eine schier endlose Auswahl an Campinghockern, -stühlen, -bänken und so weiter und so fort. Alle erfüllen erstmal das Bedürfnis, nicht im Dreck sitzen zu müssen, irgendwie falt- oder klappbar zu sein und sind im besten Fall schnell auf- und wieder abzubauen. Aber was ist mit meinem Bedürfnis bequem, auch über einen längeren Zeitraum einfach die Seele baumeln zu lassen, ein Buch zu lesen oder eine kalte Cola zu trinken?

Wir haben mit dem „klassischen" Camping-Mobiliar angefangen. Bekannt von Festivals, Public Viewings oder aus dem Park. Rückenlehne, zwei Armlehnen mit Becherhalter und nach ungefähr 30 Minuten so unbequem, dass Stehen auf einmal eine wirkliche Alternative zum Sitzen wird.

Das Stehen mag aus gesundheitlicher Perspektive nichts Schlechtes sein, aber ich will im Urlaub sitzen können, und zwar gemütlich. Also habe ich mich auf die Suche gemacht, um meinen Campingstuhl zu finden. Und ich habe ihn gefunden. Ein großer, weicher Sessel, in den ich mich fallen lassen und, wenn da nicht die Kids wären, die alle zehn bis zwanzig Minuten in mein Ohr säuseln, dass sie Hunger haben oder auf Toilette müssen, stundenlang rumlümmeln kann. Es mag sein, dass ich dem Thema Sitzgelegenheit zu viel Bedeutung beimesse, aber es ist einfach unfassbar wichtig für mich, dass ich dieses Gefühl der Entspannung im Urlaub nicht vermissen muss. Das bedeutet für mich, dass ich nach dem Aufstehen kurz Zeit habe, mit einem Kaffee in der Hand in meinem Sessel zu sitzen und mich zu freuen, dass wir da sind, wo wir gerade sind. Das macht mir soviel Freude, dass ich direkt gut gelaunt in den Tag starte. Jedes Mal, wenn ich unseren Hänger für den nächsten Trip packe und dabei bin, meinen gemütlichen Sessel einzuräumen, freue ich mich schon darauf, wieder darin sitzen zu können. Übrigens habe ich damals zwei dieser Sessel gekauft und Arne davon erstmal nichts erzählt.

Es war wundervoll, als wir im Schwarzwald auf dem Campingplatz ankamen, er seinen dreibeinigen Hocker aufbaute und dann fragte, wo denn mein Stuhl sei. Als ich ihm den verpackten Sessel gab, der zugegeben deutlich größer als sein Hocker ist, kam von ihm, wie nicht anders zu erwarten, der klassische Vortrag darüber, dass es beim Campen darum gehe auch mal auf den einen oder anderen Luxus zu verzichten, dass wir viel mehr Platz ohne diesen Sessel hätten und, es mit Sicherheit eine Qual wird, ihn aufzubauen. Obwohl der Aufbau wirklich entspannt war, war er doch noch ein wenig grummelig mit mir, setzte sich auf seinen Hocker und fing an, das Essen vorzubereiten. Denn die Kinder waren immer hungrig, Arne und ich ebenso. An dieser Stelle dachte ich mir, dass ich meinen Streich lange genug gespielt habe und fragte, ob er nicht auch so einen Sessel haben wolle. „Nein. Die sind mit Sicherheit viel zu teuer. Ich sitze gerne auf meinem Hocker, sonst könnte ich ja auch ins Hotel fahren."

„Na gut, dann eben nicht", dachte ich mir und fing an, die Schlafsäcke ins Dachzelt zu legen und die Lichterketten im Anhänger anzubringen. Zehn Minuten später kam ich aus dem Dachzelt geklettert und wer saß da, entspannt und glücklich in meinem schönen, gemütlichen, neuen Sessel? Natürlich Arne.

Wenn er schon das Essen macht, kann er doch auch gemütlich dabei sitzen. Außerdem hat er den Sessel auch aufgebaut. Ich war selten so zufrieden in meinem Leben, wie in diesem Moment. Kommentarlos ging ich zum Anhänger, holte den zweiten Sessel hervor, baute ihn auf, setzte mich neben Arne und legte meine Füße auf seine Beine. Das ist mein Plädoyer fürs Relaxen im Urlaub und für bequeme Sitzmöglichkeiten.

Gemütlich sitzen ist aber natürlich nicht alles im Urlaub. Nein, mindestens genauso wichtig ist es, gemütlich zu liegen. Ich habe ja schon davon berichtet, wie sehr ich mich über die Matratze im Anhänger gefreut hatte, aber unsere Buschbüchse eröffnete mir so viel mehr Möglichkeiten, als „nur" eine Matratze auf einem Lattenrost. Ich hatte plötzlich meinen eigenen kleinen Raum auf Rädern, den ich allein gestalten konnte, wie ich es mag. Jeder mit kleinen Kindern weiß, dass es schwierig ist, etwas Schönes für sich zu haben. Der neue Tisch ist schneller mit Filzstiften vollgekritzelt, als man eine Tütensuppe zubereiten kann, die frisch geputzten Fenster haben direkt wieder kleine Handabdrücke und die hübsch drapierten Kissen auf dem Bett bleiben so liegen, bis die nächste Kissenschlacht naht.

Ich habe mich damit abgefunden, dass ich auf ein schönes Zuhause einfach ein paar Jahre warten muss. In unserer Buschbüchse gelten komischerweise andere Regeln. Ich weiß nicht, ob der Gott des Campings seine schützende Hand über mich hält, aber er segnete den Camper mit dem göttlichen

Hauch der Ruhe und so war und ist es mir möglich, in diesen 2m x 1,5m meine eigene kleine Campingoase zu schaffen. Als erstes habe ich schöne Bettwäsche ausgesucht. Weicher Stoff mit einer leichten Sommerdecke. Dazu zwei kleine und ein großes Kissen, damit auch die kleinen, nächtlichen Besucher und Besucherinnen gut schlafen können. Als nächstes brauchte ich Licht. Licht zum Lesen und Licht zum Kuscheln. Ich habe zwei kleine, akkubetriebene Leuchten online gefunden, die sich per Saugnapf und Magnet an die Innenwand des Hängers anbringen lassen und die optimal sind, wenn ich den Kleinen abends ins Bett bringe und noch ein wenig in meinen Büchern stöbere. Kleiner Bonus, der mir erst nach dem Kauf aufgefallen ist: Die Leuchten sind in drei Stufen dimmbar und haben zusätzlich eine Rot-, Blau- und Grünlicht-Funktion. Die Farben sind mir nicht so wichtig, aber die Mädels freuen sich, wenn wir abends ein wenig buntes Licht machen können. Außerdem konnten wir so Signale entwickeln. Leuchtet die Lampe am Abend grün, können sie reinkommen, leuchtet sie rot, bringe ich gerade ihren Bruder ins Bett und sie müssen warten. Kleine Dinge können das Leben manchmal doch einfacher machen.

Nachdem ich mich um die Leselampen gekümmert hatte, brauchte ich noch etwas mehr Atmosphäre und was ist dafür besser geeignet als eine Lichterkette mit kleinen Lampions? Richtig, zwei Lichterketten mit Lampions. Es gibt schöne und praktische Lichterketten, die via USB-Port leuchten. Dadurch kann ich sie einfach an eine Powerbank anschließen und brauche keinen externen Strom. Der Stromverbrauch ist durch die LEDs dabei so niedrig, dass sie den ganzen Abend an bleiben können.

Ich bin ein wirklich großer Fan von Lichterketten, deshalb habe ich mir vorgenommen, für dieses Jahr noch welche für die Markise zu kaufen. Allerdings brauche ich dafür dann das richtige Mückenabwehrtool…

Matratze, check, Kissen, check, Leselampen, check, Lichterketten, check. Soweit so gut, gemütlich liegen kann ich schon einmal. Jetzt brauche ich ein wenig Ablagefläche für mein Buch, einen kleinen Schminkplatz und Platz für meine Cola. Leider gibt es in unserem Anhänger keine Halterungen, an denen ich etwas anbringen könnte und in die Wand bohren ist auch nicht drin, denn dann habe ich Löcher in meinem Hänger und durch Löcher kriechen bekanntermaßen Lebewesen wie Schnecken. Natürlich nur die ohne Häuser, denn was sollten die mit Haus in einem Hänger? Die haben ja ihren eigenen dabei. Aber alles halb so wild, denn es gibt Saugnäpfe. Eine großartige Erfindung. So großartig, dass ich mir ein paar Minuten Zeit genommen habe, um zu recherchieren, wem ich dieses Glück zu verdanken habe. Der Mann hieß Otto von Guericke und hat den Saugnapf im Grunde schon im Jahr 1657 erfunden. Jeder Physikerin und jedem Physiker stellen sich hier bestimmt die Nackenhaare auf und ich entschuldige mich dafür, denn tatsächlich hat das ganze mehr mit einem Vakuum und den Grundsätzen der Physik zu tun. Für mich ist wichtig, dass ich dadurch kleine Regalbretter in meiner Buschbüchse anbringen kann, ohne dafür den Preis eines Nacktschneckenüberfalls zahlen zu müssen. Ein Hoch auf Otto, denn dank ihm kann ich nun voller Zufriedenheit in meinem eigenen kleinen Reich liegen und mich einfach fallen lassen.

Und wie oft kann ich mich so fallen lassen? Das kommt ein wenig auf unsere Platzwahl an. Wie ich schon berichtete, haben wir schnell gelernt, dass die Kids gerne etwas Action haben und sich Spielplätze dafür anbieten. Die Zeit, die ich in meinem Sessel oder Hänger mit Entspannen verbringen kann, steht in direkter Korrelation zur Nähe des nächsten Spielplatzes. Dabei ist es wichtig, dass der Spielplatz weder zu nah noch zu weit entfernt ist. Als Sweetspot hat sich eine Distanz von ungefähr 50m bis 70m erwiesen. So sind sowohl Arne als auch ich immer in Ruf- und unser Lager in Sichtweite. Das gibt den Kindern so viel Sicherheit, dass sie in der Regel gar nicht auf die Idee kommen, zu rufen oder nach uns zu schauen, denn es reicht ein kurzer Blick und sie sehen, was wir machen. Andersrum sorgt es bei uns für ein entspanntes Gefühl, denn auch wir können die Kids im Blick behalten und notfalls schnell reagieren. Diese Distanz gestaltet sich allerdings von Kind zu Kind unterschiedlich und verschiebt sich deutlich mit dem Alter. Camping ist und soll immer ein wenig Abenteuer sein. Für Kinder sehen diese Abenteuer natürlich ganz anders aus als für Erwachsene. Bei den einen ist es das Stromern über den Campingplatz, Orte und Wege finden, an denen sie noch nicht gewesen sind und die zur Mittagszeit wie leergefegt wirken. Manchmal ist es, gemeinsam mit einer neuen Freundin im Zelt zu sitzen und sich Geschichten zu erzählen oder Bücher anzuschauen. In den ungünstigsten Fällen spielen sie auf dem Wasserspielplatz und merken, dass es das Coolste der Welt ist, ein Matsch-Monster zu sein. Das sind die Momente, an denen es sich lohnt, entweder eine Plastiktüte für Schmutzwäsche oder einen Waschraum auf dem Campingplatz zu haben. Aber ich schweife ab. Was sind Abenteuer und unterscheiden sich die der Kleinen wirklich so sehr von den Unsrigen? Im Grunde ist ein Abenteuer doch immer etwas, was wir vorher noch nicht getan, gesehen oder gefühlt haben. Entscheidend ist nur die Erfahrung, die wir mitbringen. Was für uns ein Ding der Alltäglichkeit ist, mag für unsere Kinder eine spannende Mission sein, denn wir dürfen nicht vergessen, dass so kleinen Menschen zahlreiche Dinge viel größer erscheinen als uns. Als Carlotta das erste Mal den Wunsch äußerte, morgens Brötchen beim Bäcker zu kaufen, war ich unsicher, wie ich damit umgehen soll. Findet sie den Weg? Passt sie beim Fahrradfahren auf? Verliert sie auf halbem Weg das Geld? Ich habe als Ausrede erst einmal vorgeschoben, dass ich auf die Toilette müsse, damit ich einen Moment Zeit zum Nachdenken habe. Als ich zurückkam, hatte ich mir vorgenommen, den Weg mit ihr zu besprechen, ihr mein Telefon mitzugeben und eine Liste zu schreiben, auf der steht, was sie einkaufen soll. Ich fragte Arne, wo Carlotta ist und der antwortete, dass sie gerade auf dem Weg zum Bäcker ist, um Brötchen zu kaufen. So viel zum Thema Kommunikation. Kurz war ich wirklich sauer. Ich hatte Angst und wollte es einfach durchplanen. Arne sah das anders und es lohnte sich nicht zu streiten, denn Carlotta war schon weg und hinterherrennen wollte ich ihr auch nicht, damit ich ihr den Moment nicht zerstörte. 15 Minuten später war sie wieder da. Mit einer riesigen Tüte Brötchen in den Armen und einer kleineren Tüte Süßigkeiten für Mathilde und sie in der Hosentasche. Und sie war überglücklich. Für mich waren es 15 Minuten, die sie zum Bäcker und wieder zurückgegangen ist, für sie war es eine kleine Reise, die sie unternommen hat und auf der sie so einiges erlebte. Da wäre ein Hund gewesen, der mindestens so groß wie Papa war, außerdem würden Menschen am Strand riesige Drachen steigen lassen. Ob die nicht einfach wegfliegen würden? Viele Dinge, die ich gar nicht mehr sehe oder bei mannsgroßen Hunden vielleicht auch gerne übersehe, sind für sie neu, wunderbar und bieten Erzählstoff für ganze Abende. Es ist schwierig, eine Grenze zu ziehen. Wann sind Kinder bereit, alleine loszuziehen? Wann ist es zu gefährlich und wie stimme ich meine Gefühle mit denen meines Partners und meines Kindes ab? Jede dieser Fragen beschäftigt mich auf unseren Reisen mehr, als sie es daheim tun. Zu Hause ist ein sicheres und klar definiertes Umfeld. Da haben wir unser Haus und unseren Garten und wenn ich den Mädchen sage, dass sie bis zur Pferdewiese Radfahren dürfen, kenne ich genau die Route, die sie fahren und habe immer die Möglichkeit, aus dem Fenster zu schauen, um zu sehen, ob etwas passiert ist. Wenn wir unterwegs sind, ist das leider nicht so einfach. Wenn wir auf einem neuen Campingplatz ankommen, dann kenne ich den Ort ebenfalls noch nicht. Ich weiß nicht, wie schnell die Radfahrer oder Autofahrer unterwegs sind. Ich weiß nicht, ob es irgendwo vielleicht einen kleinen Tümpel oder Teich gibt, in den die Kids fallen könnten und ein riesiges Areal von unserem Camper aus zu überblicken, ist schier unmöglich. So wird jeder Ausflug auch für mich immer zu einer Mutprobe und ich hadere ein wenig mit meinen Ängsten, denn ich möchte sie den Kindern nicht zeigen.

Um dem entgegenzuwirken, habe ich eine kleine Strategie für mich ausgearbeitet. Während Arne das Dachzelt und die Markise aufbaut, schnappe ich mir die beiden Mädels und manchmal ihren Bruder und gehe mit ihnen schon eine kleine Runde über den Platz. Wir schauen uns den Spielplatz an, gucken, ob es irgendwo einen Kiosk gibt und wo es am schnellsten zum Strand oder See geht. Dabei haben die Kids die Möglichkeit, sich frei umzusehen und schon die ersten „geheimen" Ecken des Platzes zu erkunden. Ich bekomme ein Gefühl dafür, wo wir sind und wie sich die Kinder möglicherweise in den kommenden Tagen bewegen werden. Außerdem vermittelt mir das oft einen guten ersten Eindruck, wie der Verkehr auf dem Platz ist. So kann ich mit einem etwas leichteren Gewissen den Gang zum Bäcker aushalten. Ein positiver Nebeneffekt ist, dass Arne das Zelt entspannt aufbauen kann und in der Regel das erste Essen fertig ist, wenn wir wieder da sind. Kleine Anmerkung am Rande, egal, ob All-Inclusive oder Campingplatz, nach jedem Urlaub habe ich das Gefühl, ich müsste eine Diät machen…

Das sind also die Abenteuer der kleinen Menschen, die zu unserer Reisegruppe gehören. Was aber, wenn Arne oder ich mal fertig sind mit entspannen und Lust auf ein kleines Abenteuer haben?

Dann müssen wir uns doch etwas mehr einfallen lassen, als zum Bäcker zu gehen. Anfangs habe ich schon geschrieben, dass wir gerade dabei sind, viele Ecken in Deutschland zu entdecken, die uns vorher unbekannt waren. Im letzten Jahr, und vermutlich auch in diesem Jahr, steht Ostdeutschland auf unserem Zettel. Ich hatte vorher nie das Bedürfnis, in diese Regionen zu fahren. Wollte ich ans Meer, dann bin ich früher nach Italien oder Frankreich gefahren, später dann an die Nordsee in Schleswig-Holstein oder Dänemark. Mecklenburg-Vorpommern, Brandenburg und Sachsen, all das hat mich nie wirklich interessiert und als Arne diese Gegenden vorschlug, war ich erstmal vehement dagegen und wusste nicht einmal warum. Arne ließ nicht locker und erzählte mir von Motorrad- und Kanutouren, die er an der Mecklenburgischen Seenplatte mit seinem Vater gemacht hatte. Das erste und einzige Mal, dass er einen Eisvogel in freier Wildbahn auf der Havel gesehen hat. Er fing an, mir Bilder von den Ostseestränden zu zeigen, der Insel Poel, Rügen und dem Spreewald. Ich war wirklich überwältigt. Mir war jahrelang nicht klar, dass wir so schöne Flecken direkt vor unserer Haustür haben. Das war mein erster Schritt ins Abenteuer. Das, was die Kinder in ihrem kleinen Kosmos auf den Campingplätzen neu entdecken, das konnte ich nun in einem größeren Maßstab in Deutschland entdecken.

Unser erster Weg führte uns auf den Darß. Nach Prerow und Zingst. Eine ganz klare Empfehlung von mir. Es ist verrückt, dass es in Deutschland so schöne, weiße Sandstrände gibt, die sich kilometerweit erstrecken. Und man kann in Zingst surfen. Das letzte Mal surfen war ich 2015 auf Bali und das hat, ganz ehrlich, nur mäßig funktioniert und endete damit, dass ich beinahe ertrunken wäre. Aber hey, nach acht Jahren wurde es doch mal wieder Zeit, sich ins Wasser und aufs Brett zu trauen, oder? Ich wollte Action, also rein ins Abenteuer. Wir gingen zum Strand und ich erzählte Arne von meinem Plan, mal bei der Surfschule anzuklopfen. Er lachte mich zehn Minuten lang schamlos aus, aber sagte, dass er die Kinder nehmen würde, wenn ich dafür verspreche, mich nicht ganz so doof wie beim letzten Mal anzustellen... Ich bin Mitte dreißig und habe mich gefühlt wie ein dreizehnjähriges Mädchen, als ich den Laden betrat und sagte, dass ich gerne surfen würde. Hier wurde ich nicht ausgelacht, sondern jeder freute sich und ich durfte erstmal ein wenig von meinen Surferfahrungen erzählen. Es dauerte nicht lange und ich hatte für den nächsten Tag einen Termin.

Während Arne mit den Kindern am Strand Burgen baute, Eis aß und die Sonne genoss, zog ich mich um. Ich zwängte mich in einen Neoprenanzug, überlegte kurz, ob ich so einen nicht immer unter meiner Kleidung tragen sollte, da er eine wirklich gute Figur machte, und machte mich nach der Einweisung mit dem Surflehrer auf den Weg zum Strand. Meine romantische Vorstellung davon, wie cool ich beim

Surfen aussehen würde, wurde durch zwei Dinge ins Wanken gebracht. Das erste war Mathildes Kommentar zu meinem Outfit „Mama, wie siehst du denn aus? Das sieht ja komisch aus!“, begleitet von viel Gelächter. Das zweite war, dass ich vergessen hatte, wie schwer ein Segel ist. Bei der Einweisung an Land hatte ich zugegeben, auch ein paar Probleme das Segel anzuheben, aber es ging. Im Wasser? Ich bin so oft vom Brett gefallen, ohne das Segel nur einen Zentimeter bewegt zu haben. Der Surflehrer hatte allerdings eine engelsgleiche Geduld und gemeinsam haben wir es geschafft, dass ich das Segel in der Hand hatte und surfen konnte. Für mich war das wirklich ein Erfolgserlebnis. Ich bin nicht der sportliche Typ und versuche, wenn möglich, körperliche Anstrengung zu vermeiden. Aber hier die Möglichkeit zu haben, mal wieder aus meiner Komfortzone zu kommen, war toll. Ich werde in meinem Leben keine Weltklasse Surferin mehr werden, aber ich habe gemerkt, dass man manche Dinge einfach ausprobieren muss, um etwas erleben zu können. Das macht für mich den Reiz am Campen aus. Natürlich könnte ich in einem Hotelurlaub einen Surfkurs belegen, aber beim Campen habe ich noch stärker das Gefühl, dass ich Dinge spontan erleben kann. Diese Spontanität bedeutet für mich Abenteuer. Dieser Nervenkitzel, der einem das verschmitzte Lächeln ins Gesicht treibt, auch wenn man im Grunde nie wirklich in Gefahr war. Wenn ich mich danach wieder in meinen Sessel fallen lasse, fühlt es sich nochmal besser an.

Mit Kindern ist es schwierig, diese Dinge gemeinsam als Paar zu erleben. Ich gehe surfen, Arne baut mit den Kids Burgen. Natürlich hat er dabei auch Spaß und genießt die Zeit mit den Kindern, aber es ist nicht wie auf Bali, als wir beide surfen gehen konnten. Die Action, die für mich so positiv war, war für ihn in dem Moment eher stressig. Darauf schauen, dass die Kids nicht einfach ins Meer rennen, sie dazu überreden, sich nochmal mit Sonnencreme einschmieren zu lassen und den Kleinsten in den Schlaf singen. Es ist wichtig, hier die Balance zu finden und sich auch im Urlaub kleine Freiräume zu schaffen, in denen wir Zeit als Paar verbringen können.

Wir haben festgestellt, dass das auf Reisen deutlich schwieriger ist. Zu Hause sind die Kinder irgendwann im Bett und man kann den Abend gemeinsam genießen. Etwas kochen, eine Serie gucken oder einfach zusammen auf der Couch versinken. Im Urlaub ist alles ein wenig anders. Die Schlafenszeiten der Kinder richten sich danach, wie lange sie Energie zum Spielen haben und es liegt in der Natur der Sache, dass die Privatsphäre auf einem Campingplatz einfach eingeschränkt ist. Wie kann man es schaffen, auch als Paar Zeit für sich zu finden?

Wir haben festgestellt, dass das mit älteren Kindern recht gut funktionieren kann, auch wenn man gezwungen ist, den ein oder anderen Kompromiss einzugehen, indem man den banaleren Dingen des Urlaubs mehr Bedeutung zuweist.

Es sind die kleinen Dinge, wie gemeinsam das Geschirr spülen zu gehen, die plötzlich anfangen Spaß zu machen, weil man es gemeinsam tut. Jeder Campingplatz hat irgendwo ein Spülhaus und das zeigen wir den beiden Mädels, damit sie wissen, wo sie uns finden können. Wenn Casper dann im Wagen schläft, spielen Carlotta und Mathilde entweder auf dem Spielplatz oder am Zelt und wir gehen mit ihm und dem Geschirr zum Spülhaus. Hört sich vielleicht tierisch langweilig an, ist es aber ganz und gar nicht. Wir haben hier 30 Minuten Zeit zu reden, zu lachen und einfach mal wieder ein bisschen dummes Zeug zu machen. Wir haben mittlerweile einen kleinen Wettstreit, wer es schafft, mit dem wenigsten Wasser abzuwaschen. Dafür wird das zu spülende Geschirr akribisch, abwechselnd ausgewählt und das benutzte Wasser mit einem Messbecher kontrolliert. Wenn ich ehrlich bin, ist das absolut bekloppt, aber es macht Spaß. Wir können dabei lachen und dummes Zeug reden, ohne dabei aufpassen zu müssen, dass die Kinder irgendetwas aufschnappen, was nicht für ihre Ohren bestimmt ist. Auch für ein wenig Körperkontakt bietet so ein Wettstreit immer Gelegenheit. Plötzlich wird das Abwaschen zu einem kleinen Highlight des Tages, auf das wir uns beide freuen und am Ende können wir Händchen haltend zurück zum Platz gehen und haben dabei noch eine eigentlich nervige Aufgabe erledigt. Pluspunkte gibt es für das Thema Nachhaltigkeit, denn wir sind beide wirklich sehr gut darin geworden, mit ausgesprochen wenig Wasser abzuspülen. Camping kann sein, alltägliche Dinge an einem anderen Ort unter freiem Himmel zu verrichten und sich allein deshalb ein wenig wohler zu fühlen.

Camping kann aber auch sein, gänzlich auf das Alltägliche zu verzichten und sich in Situationen zu begeben, die vielleicht auf den ersten Blick unbequem sind. Arnes großes Hobby, oder eines von Arnes unzähligen Hobbies, ist das Wandern und Campen beziehungsweise Biwakieren. Dabei hat er das Nötigste in seinem Rucksack dabei, geht für eine oder mehrere Nächte los und sucht sich allein oder mit Freunden in einem Wald einen Platz zum Schlafen. Mittlerweile ist es so, dass er jedes Jahr für eine Woche nach Schweden fährt und dort in den Wäldern abtaucht, um dann nach sieben Tagen schmutzig, 5kg leichter, aber dafür glücklich wieder vor der Haustür zu stehen. Unsere Vorstellungen darüber, was ein Abenteuer ist, gehen hier deutlich auseinander.

Zum Glück gibt es dazwischen noch viele Varianten, die sowohl seinen Wunsch nach freier Natur und einem „ursprünglichen Leben“ als auch meinen Wunsch nach einem entspannten Urlaub mit der ein oder anderen Annehmlichkeit vereinen. Skandinavien, insbesondere Schweden, ist für Campingtrips mit einem kleinen Extra an Aufregung gut geeignet.

Ich möchte zunächst allerdings gerne ein Missverständnis auflösen, das vielleicht in vielen Köpfen rumgeistert. Im Zusammenhang mit Camping in Schweden hört man oft den Begriff „Jedermannsrecht“,auf schwedisch auch „allemansrätt“ genannt, das bedeutet, dass man sich in der Natur Schwedens frei bewegen darf. Das heißt, dass Baden, Bootfahren und Beeren pflücken erlaubt sind. Das Jedermannsrecht richtet sich in erster Linie an Wanderer, die längere Strecken zurücklegen und irgendwann einen Platz zum Schlafen brauchen. Es besagt, dass ein Stück Land besessen werden kann, es aber dennoch allen Menschen zur Verfügung stehen muss. Ich darf also durch Schweden wandern und mich, wenn ich müde bin, in mein Zelt oder unter meine Plane legen und die Nacht, und wenn ich möchte auch eine Zweite, dort verbringen. Das unterscheidet sich übrigens gar nicht so sehr von Deutschland. Zwar darf ich in Deutschland nicht einfach irgendwo mein Zelt aufschlagen, aber es ist erlaubt, auf einer Wanderung zu biwakieren, also unter freiem Himmel zu schlafen. Der größere, in meinen Augen weitaus wichtigere, Unterschied zwischen Deutschland und Schweden liegt darin, dass es in Schweden generell erlaubt ist, ein Lagerfeuer zu entzünden. Das Entzünden eines offenen Feuers in Deutschland steht unter Strafe und oftmals sind mehr als ein paar hundert Euro fällig, sollte man dabei erwischt werden. In Schweden gilt, dass in erster Linie die Natur geschützt werden soll. Möchte ich ein Feuer entzünden, sollte ich dafür eine kleine Grube ausheben und diese am besten mit Steinen befestigen. Ebenso muss ich sicherstellen, dass das Feuer vollständig gelöscht ist, wenn ich den Platz wieder verlasse. Aber auch in Schweden gibt es Einschränkungen. Durch die dichten Wälder gibt es immer wieder kleinere und größere Waldbrände. Gerade in den letzten, heißeren Sommern kam es immer wieder dazu. Daher sprechen Behörden mitunter „Feuerverbote" aus. Diese gelten regional und werden im Netz oder bei den Behörden mitgeteilt. Gilt so ein Feuerverbot, ist es auch in Schweden untersagt, offene

Feuer zu entzünden. Sich vorab zu informieren, macht also Sinn, wenn man die Umwelt und auch den eigenen Geldbeutel schonen möchte.

Ein weitverbreiteter Irrglaube ist, dass sich das Jedermannsrecht auch auf das Campen mit einem Van oder dem Auto bezieht. Das ist nicht der Fall. Es ist erlaubt, sich mit den eigenen vier Rädern auf öffentlichen Park- oder Stellplätzen zum Übernachten hinzustellen, wenn dies nicht ausdrücklich verboten ist. Sich mit dem 4x4 Jeep seinen Weg durch das Unterholz zu pflügen, um dann mitten im Wald zu übernachten, sieht allerdings auch das Jedermannsrecht nicht vor. Hier gilt: Die Natur hat Vorrang. Trotzdem gibt es gute Möglichkeiten, Schweden mit dem eigenen Auto zu erkunden. Es gibt viele wunderschöne Stellplätze mit Blick auf einen See oder das Meer, die weit weg von der Zivilisation sind und je weiter nördlich man sich begibt, desto weniger anderes Publikum ist anzutreffen.

Quelle Jedermannsrecht: *www.visitingsweden.de*

Unsere besten Tipps und Tricks fürs Reisen mit Kindern

SNACKS

Eins meiner größten Learnings, seit ich Mama geworden bin, ist, dass ich immer und gerade auf längeren Reisen genug Snacks dabeihabe. Nicht falsch verstehen, ich nutze Essen nicht, um die Kinder zu trösten oder zu belohnen. Unsere Kinder haben einfach oft zu den verrücktesten Zeiten Hunger, zu denen wir selbst gar nicht damit rechnen. Auf unserer Reise in den Schwarzwald letztes Jahr war die Stimmung auf der Rückbank plötzlich ziemlich mies. Aus heiterem Himmel wurde sich gestritten, geärgert und lautstark darüber diskutiert, wer denn nun die größere Kackwurst auf Erden sei. Wir Eltern versuchten zu schlichten, indem wir anboten, dass wir einfach die größten Kackwürste sind und das für uns okay sei, aber das machte das Ganze noch viel schlimmer. So schlimm, dass großes Geschrei anfing und wir uns irgendwann alle in den Haaren hatten, weil die zwei Mädchen sich urplötzlich gegen uns verbündeten. Als wir dann etwas lauter sagten, dass jetzt wirklich mal Schluss sein müsse und wir uns wünschen würden, dass die weitere Fahrt wieder harmonischer und netter abläuft, kam aus Carlottas Mund nur ein verzweifeltes „Ich habe einfach so Hunger“, gefolgt von einem „Ich auuuch“ aus dem Mund ihrer Schwester. Ich wunderte mich, da sie erst vor einer Stunde zu Hause gegessen hatten und bot beiden meine schon vorher ins Auto gepackten Snacks an. Als die beiden genüsslich einen Fruchtriegel verputzt und ein paar Stücke Banane gegessen hatten, waren sie wieder ein Herz und eine Seele. Als hätte man einen Schalter umgelegt. Sie hielten Händchen, spielten miteinander und legten alle zehn Minuten die Köpfe auf die Schulter der anderen. Sie waren wie ausgewechselt. Ich hätte zu dem Zeitpunkt niemals gedacht, dass sie hungrig sind und konnte ihr Stimmungstief nicht einordnen, da sie erst eine Stunde vorher ordentlich gegessen hatten. Deswegen ist es für mich absolut wichtig, immer etwas Essbares im Auto zu haben, um solche Situationen zu vermeiden und einfach zu lösen. Und ganz vielleicht werde ich in Bekanntenkreisen schon die Frau genannt, die immer und für alle Fälle ihre Snacks dabei hat.

ERWARTUNGEN AN DIE REISE

Die Sache mit den Erwartungen an eine Reise, die man schon lange vorher geplant hat oder ganz spontan antritt, ist immer so eine Sache. Ich hatte es schon in einigen Kapiteln angesprochen, dass genau diese Erwartungen selten der Realität entsprechen. Natürlich darf man sie haben und es ist völlig menschlich, dass man sich, bevor man seinen langersehnten oder ganz spontan beschlossenen Trip antritt, bestimmte Vorstellungen im Kopf zurechtrückt. Allerdings sollte man immer im Hinterkopf behalten, dass es, gerade mit Kindern an der Seite, oft anders kommt als gedacht. Mal schöner, als man es sich je hätte erträumen lassen und mal fällt man so hart auf den Boden der Realität zurück, dass es richtig wehtun kann. Zumindest bei uns. Ich denke hier an unseren geplanten Campingtrip nach Waren an der Müritz zurück. Es war Sommer, Arne hatte Elternzeit und wir wollten mehrere Wochen mit dem Minicamper unterwegs sein. An der Müritz war unsere erste Station, weil wir diesen Teil Deutschlands noch nie bereist hatten. Wir hatten alle großes Kribbeln im Bauch, da wir wussten, dass wir nun für die nächsten drei Wochen in unserem geliebten Camper mit Dachzelt verbringen würden. Wir hatten uns vorher im Internet informiert und der Platz sah super schön aus. Es sollte einen riesigen Spielplatz direkt an der Campingwiese geben, einen direkten Zugang zur Müritz, die an den Platz grenzte, einen kleinen Streichelzoo, Minigolf und tolle Ausflugsmöglichkeiten, die man nach kürzester Zeit erreichen würde. Wir freuten uns riesig und kamen nach drei Stunden Fahrt gegen Abend auf dem besagten Platz an. Als wir im Schritttempo zu unserem ausgewiesenen Spot über den Campingplatz fuhren, sah ich, dass die Menschen ganz viele Kerzen auf den Tischen vor ihren Wohnwagen stehen hatten, und wunderte mich, dass kaum einer draußen saß. Viele Köpfe sah man an Tischen in ihren Wohnmobilen oder Vorzelten sitzen, obwohl das Wetter geradezu dazu einlud den ganzen Abend draußen zu verbringen. Es waren die warmen und lauen Sommernächte, auf die wir die letzten Monate sehnsüchtig warteten. Ich dachte mir nichts weiter, weil ich gespannt war, wie unser Platz aussehen würde und als wir ankamen, war ich begeistert. Unter riesigen Bäumen, die das goldene Licht des Abends hindurchscheinen ließen, würden wir die nächsten Tage verbringen. Der Platz war direkt gegenüber eines grandiosen Spielplatzes und man hatte einen freien Blick auf die spielenden Kinder, was für uns bedeutete, dass wir am Camper bleiben konnten und nicht immer mit zum Spielplatz laufen mussten. Das wiederum bedeutete, dass die Chance, ein bis zwei Seiten eines Buches lesen zu können, ohne dass immer ein Kind neben einem steht und fragt, ob man es verständlicherweise zum Spielplatz begleitet, recht groß war. Ich freute mich. Das konnte nur eine großartige Woche werden, der Urlaub konnte endlich beginnen! Wir öffneten die Fahrer-und Beifahrertür und stiegen gleichzeitig aus dem Auto. Nach einer halben Minute war klar, warum hier keine Menschenseele abends gemütlich draußen saß und was es mit den ganzen Kerzen auf sich hatte. Hatte ich vorhin noch in meiner manchmal leicht naiven Art gedacht, dass es wirklich süß ist, dass hier so viele Menschen Wert auf romantische Stimmung legten und dies sehr zur Location, dem Platz direkt an diesem tollen Fluss passte, musste ich mir relativ schnell schmerzlich, und das meine ich wortwörtlich, eingestehen, dass das nicht der Grund gewesen ist.

MÜCKEN! Nicht schon wieder! Innerhalb weniger Sekunden saßen jeweils 20 Mücken auf unserer Haut und versuchten uns bei lebendigem Leibe aufzuessen. Wir wurden wie wild gestochen und flüchteten wieder zurück ins Auto. Wir schlossen hektisch die Autotüren und es war ein Wunder, dass nur zwei dieser blutrünstigen Viecher es mit uns ins Auto geschafft hatten. Durch die Scheibe sah ich, wie viele noch draußen waren. Ich hatte einen Flashback zu unserer Schwedenreise und dachte, dass das doch nicht wahr sein kann. Das Problem hierbei war, dass die Anzahl der Mücken wenig mit der Anzahl der Mücken in Schweden zu tun hatte, sondern diese um mehrere hundert überschritt. Sie schwirrten und summten ums Auto herum und flogen kampflustig gegen die Scheibe, weil sie bestimmt wussten, dass wir leichte Beute sind, da wir uns natürlich vorher nicht mit Mückenschutz eingecremt hatten. Meine gute Laune war in Sekundenschnelle verflogen, denn ich wusste aus Erfahrung, dass zu viele Mücken einen den Trip ganz schön versauen können. Gerade, wenn man mit Kindern unterwegs ist, die man ja noch mehr schützen möchte als sich selbst. Ich kletterte, über die Kinderköpfe hinweg, in den Kofferraum und holte unsere fünf Mückensprays nach vorne und cremte uns alle im Auto damit ein. Man kann nicht sagen, dass wir seit unserem Schwedenabenteuer nicht auf Mücken vorbereitet wären, Lust hatten wir trotzdem nicht darauf.

Da wir den Platz für sechs Tage gebucht hatten, weil wir uns und den Kids die Chance auf ein Ankommen geben wollten, kam es für uns anfangs natürlich nicht in Frage, das Ganze abzubrechen. Wir hatten Hoffnung, dass sich das Problem mit den Mücken einfach irgendwie von selbst lösen würde oder sie uns irgendwann in Ruhe lassen. Wir sagten ihnen den Kampf an, öffneten erneut die Türen und ich glaube, wenn jemand direkt neben dem Auto gestanden hätte, wäre er sofort in Ohnmacht gefallen, weil wir stanken, wie ein ätherisches Öllager, das zuvor explodiert war. Die Mücken fielen uns zwar vorerst nicht mehr an und wir konnten mehr oder weniger in Ruhe unser Camp aufbauen, aber so ganz verschwanden sie auch nicht.

Die nächsten Tage versuchten wir durch ständiges Eincremen und diverse Rauchspiralen und Kerzen die Viecher fernzuhalten, doch wir hatten wenig Chancen. Abends draußen sitzen, war ab 19 Uhr kaum mehr möglich. Wir konnten beobachten, wie es anderen Campern ebenso erging und viele fuhren gleich am nächsten Tag nach ihrer Ankunft wieder ab. Nach drei Tagen und diversen dicken Hubbeln auf unseren Körpern, die wir nicht verhindern konnten, zog ich die Reißleine und bat darum, dass wir den Platz früher verlassen und weiter Richtung Ostsee fahren. Arne gab nach, weil er sich eingestehen musste, dass wir den Kampf gegen die Mücken auch diesmal und eigentlich viel besser vorbereitet, wieder nicht gewinnen würden. Wir packten unsere sieben Sachen ein und verließen den Platz frühzeitig. Ich war ein bisschen enttäuscht, aber die Enttäuschung verflog schnell. Mittlerweile habe ich akzeptiert, dass die Erwartungen, die ich an Reisen habe, selten der Realität entsprechen und nehme die Dinge, wie sie kommen. Das erleichtert mir das Reisen sehr und ich habe dadurch schon viele schöne Orte kennengelernt, genau wie in diesem Beispiel. Angekommen an der Ostsee, landeten wir spontan auf einem Platz, der sich anfangs recht unspektakulär anhörte und den wir nur befuhren, da unsere Favoriten schon ausgebucht waren. Mittlerweile ist er allerdings einer unserer Lieblingsspots geworden ist, weil er nette Besitzer, die Nähe zum Meer und eine süße kleine Strandbar hat. So war es am Ende zwar ein kleiner finanzieller und nervlicher Verlust, dafür aber ebenso ein Gewinn, weil wir sonst nie diesen schönen Platz und die netten Menschen dort kennengelernt hätten.

DIE PERFEKTE AUSSTATTUNG

Definitiv eine Sache, über die man sich, bevor man eine Reise mit Kindern antritt, klar sein oder wenigstens schon einmal den ein oder anderen Gedanken daran verschwendet haben sollte. Hier sind Arne und ich uns bis heute nicht immer einig. Bei uns war es anfangs schwer, sich darauf zu einigen, was wir wirklich auf Reisen brauchen, da Arne sehr minimalistisch unterwegs ist und ich sicherheitshalber eher mehr Dinge mitnehmen möchte. Bis wir hier einen Mittelweg gefunden haben, mussten wir einiges erleben, vergessen und vieles nie wieder gefunden haben.

Mittlerweile haben wir eine feste Ausstattung und eine, die je nach Reise, die wir mit unserem Camper antreten, variiert.

Zu unserer festen Ausstattung gehört zum Beispiel alles, was wir brauchen, damit wir nachts gut schlafen können. Gerade im April oder Mai ist es uns wichtig, vorher zu schauen, ob die Nächte sehr kalt werden, um dann gegebenenfalls unser Innenzelt und mehr Decken mitzunehmen. Im Sommer verreisen wir immer mit den gleichen Schlafsäcken und Decken. Am liebsten erinnere ich mich, was das Thema

Ausstattung angeht, an unsere Reise in den Schwarzwald. Es war unsere erste längere Reise mit dem Minicamper und wir hatten auf einmal eine Menge Platz. Ich weiß nicht, was das für ein seltsames Phänomen ist, dass man diesen Platz auch unbedingt nutzen will, aber es führte dazu, dass ich auf die Idee kam, unseren Thermomix mitzunehmen. Da wir eh wussten, dass wir nirgends freistehen und immer den Strom eines Campingplatzes beziehen würden, stellte ich es mir total entspannt vor, nicht immer den Gaskocher anmachen zu müssen, um morgens das Wasser für unser Porridge zu kochen. Statt des viertelstündlichen Umrührens für ein leckeres Risotto im Topf, könnten wir in der Zeit was anderes machen. Bis heute bezweifle ich, dass das wirklich eine Sache ist, die wir unbedingt auf Reisen brauchen, aber ich fand es ziemlich entspannt, zumindest schnell Wasser zu kochen.

So überlegen wir jedes Mal, bevor die Reise losgeht, für alle wichtigen Lebensbereiche, wie Schlafen, Essen, Kleidung, Unterhaltung, was uns am wichtigsten ist und sich als nützlich bewährt hat. Ich finde, dass man sich mit einer Ausstattung, die alle Bedürfnisse der einzelnen Familienmitglieder einbezieht, sehr viel Stress ersparen kann. Deswegen empfiehlt es sich, im Voraus darüber Gedanken zu machen, was wirklich wichtig ist und worauf man im Gegenzug verzichten kann. Wir haben über die Jahre Dinge angeschafft, die wir persönlich nie wieder missen möchten und ich möchte gerne ein paar davon aufzählen.

CAMPINGTOILETTE

Als wir in Schweden an unserem Platz am See ankamen und alle erstmal auf die Toilette, die wir nicht hatten, mussten und ich nur damit beschäftigt war, Kinderbeine in die Luft zu heben und mich selbst nicht zu sehr an irgendwelchen Büschen oder Bäumen zu verletzen. Während ich versuchte, nicht umzufallen, schwor ich mir, zurück in Deutschland eine Campingtoilette zu kaufen. Und das tat ich. Da es hier viele gute Toiletten in den verschiedensten Größen und Systemen gibt, kann ich nur empfehlen, darauf zu schauen, was einem persönlich wichtig ist. Nachhaltigkeit, Funktionalität, Größe und so weiter. Eine Beratung im Fachhandel ist jederzeit möglich.

SPATEN

Und hier kommt Arne wieder ins Spiel, der nämlich auf seinen kleinen, praktischen Klappspaten in allen möglichen Lebenslagen schwört. Wäre es nach ihm gegangen, hätten wir uns niemals eine schicke Campingtoilette angeschafft. War ich nämlich diejenige, die fleißig an unserem See in Schweden Kinderbeine hochhob, war er derjenige, der danach das Loch wieder mit seinem Spaten zumachte. Nicht nur hierfür sieht er seinen Spaten als überlebensnotwendig an. Sollte ein Boden auf einem neuen Platz nicht seinem Gusto entsprechen, so zieht er blitzschnell seinen kleinen Spaten hervor und gräbt den Untergrund so lange um, bis unser Aufbau perfekt darauf stehen kann. Ein Hoch also auf den, in seinen Augen, sehr wichtigen Klappspaten.

BODENMATTE/TEPPICH

Es hört sich im ersten Moment so unglaublich luxuriös an beziehungsweise habe ich es jahrelang als einen Luxusartikel abgetan, aber hell no! Nie wieder ohne. Wie oft waren wir auf Plätzen unterwegs, die durch die heißen Sommer extrem staubig und dreckig waren. Wir haben uns immer geweigert, irgendwann eine Unterlage zu kaufen. Lieber waren wir genervt davon, dass die Kinder ständig von oben bis unten dreckig waren, mussten vor jedem Essen zum Klohäuschen rennen, weil der Grad der dreckigen Hände nicht mehr vertretbar war, um damit Nahrung anzufassen. Vor zwei Jahren standen wir dann auf dem staubigsten Platz an der Ostsee, den wir je befahren hatten. Meine Füße waren so dreckig, dass ich sie trotz exzessiver Hornhautbehandlung mit mehreren Bimssteinen, die ich teuer im kleinen Shop des Campingplatzes erstanden hatte, nicht mehr sauber bekam, zog ich die Reißleine. Ich bestellte online eine riesige Bodenmatte und würde bis heute sagen, dass sie eine der besten Campinganschaffungen war und uns viel Ärger und Dreck ersparte.

KÜCHENBOX

Am Anfang hatten wir eine Kiste, in die wir wahllos alles reingeschmissen haben und dann immer fast beim Suchen verzweifelt sind. Mittlerweile haben wir uns etwas gebastelt, das Fächer enthält und in das wir alles, was wir brauchen, um uns unterwegs zu versorgen, mühelos reinbekommen. Wir haben unsere Küchenbox selbst gebastelt und eingerichtet, es gibt aber auch ganz viele fertige Küchenboxen von verschiedenen Herstellern online zu kaufen. Manche enthalten sogar einen integrierten Gaskocher.

GASKOCHER

Wir schwören auf unseren Gaskocher und kochen und grillen damit alles, was wir auf unseren Reisen essen. Wir haben einen Gaskocher gekauft, der eine Oberfläche zum Grillen bietet und so lassen wir uns unterwegs unsere Würstchen schmecken. Es ist kein großer Grill, sondern im Grunde nur ein vierbeiniges Gestell, auf dem die Grillplatte sitzt und in das unten die Gaskartusche geschraubt werden kann. Wir haben immer wieder überlegt, ob es sinnvoll ist, ein größeres Modell zu kaufen, das zwei Kochplatten oder mehr Platz zum Grillen hat. Am Ende sind wir jedoch immer wieder davon abgekommen, da wir feststellen mussten, dass der kleine Gaskocher seinen Zweck völlig erfüllt und dazu noch kompakt in den Kofferraum oder Anhänger passt.

URLAUB MIT FREUNDEN ODER DER FAMILIE

Hier möchte ich gleich sagen, dass es selbstverständlich darauf ankommt, was für ein Typ Mensch man ist. Ich habe zum Beispiel gerne meine Ruhe und bin nur mit ganz wenigen auserwählten Menschen zusätzlich zu meiner Familie über einen längeren Zeitraum richtig happy. Dazu gehört meine Mutter, mit der ich wochenlang Zeit verbringen könnte und einige wenige Freunde. Arne, der früher so gar nicht sozial kompatibel erschien, entwickelte sich in den letzten Jahren zum sympathischen Campnachbarn und findet immer sofort Anschluss, wo wir sind, der mir persönlich nicht ganz so wichtig ist. Ihm auch nicht, aber es hat sich herauskristallisiert, dass wir andere Camper mit unserem doch eher einzigartigen Aufbau mit einem klitzekleinen rollenden Bett mit Dachzelt oben anziehen. Wie schon erwähnt, möchte ich im Urlaub lieber meine Ruhe haben und kann eigentlich fast gänzlich auf Smalltalk verzichten. Anders sieht es aus, wenn die Trips vorher mit Freunden oder Familie zusammen geplant und umgesetzt werden. Hier sehe ich auch einen großen Gewinn, weil es das Reisen auflockern kann. Die Kinder haben noch mehr Personen um sich herum, die sich mit ihnen beschäftigen und wir können mal in Ruhe durchatmen. Man teilt sich die Aufgaben und kann abends gemütlich zusammensitzen.

EINFACH MACHEN

Einige verdrehen jetzt bestimmt die Augen. Das hört sich so leicht an und ist oft wirklich doof daher gesagt. Natürlich müssen die Gegebenheiten stimmen und natürlich hat man nicht unbedingt immer die Mittel, um einfach zu machen. Mir hilft der Tipp trotzdem seit Jahren enorm und es hat sich bisher immer ein Weg gefunden, meinen Träumen und Wünschen hinterherzujagen. Spulen wir mal ein paar Jahre zurück, als ich abends im Bett mit meinem Handy lag und wie ein kleiner Zombie halb wach auf Social Media scrollte und das erste Mal in meinem Leben ein Dachzelt sah. Ich wusste, dass ich irgendwann darin mit meiner Familie liegen würde und habe nie aufgegeben, daran herumzuschrauben, dass der Traum wahr wird. Selbstverständlich spielen finanzielle Mittel auch eine Rolle, aber ich denke gerne an unsere Zeit zurück, als wir beide über wenig Geld verfügten. Arne war Student und ich Erzieherin in Elternzeit, was uns trotzdem nicht davon abbrachte, Urlaube zu machen, die zwar im Nachhinein manchmal wirklich gewöhnungsbedürftig erschienen, uns aber die beste Zeit unseres Lebens in anderen Ländern mit Sonne und Meer bescherte.

Auch bei unseren Camping-Käufen haben wir nicht allzu lange überlegt und sind an die Sache eher mit der Einstellung herangegangen, dass wir alles zur Not auch wieder verkaufen können. Ich glaube, das ist ein wichtiger Punkt. Nichts von allem, was man sich anschafft, muss für immer sein. Ich höre bei vielen Menschen aus meinem Umfeld immer wieder die gleichen Sätze: „Ist das nicht alles zu eng?“, „Was macht ihr dann bei Regen?“ und: „Wir sind so unsicher, ob uns das wirklich gefällt.”

Meine Antwort ist eigentlich ganz einfach: „Wenn ihr es nicht ausprobiert, werdet ihr es nie erfahren!“

Man muss ja auch gar nicht losgehen und sich gleich eine komplette Campingsausrüstung plus Wohnmobil und einem schicken Bodenteppich kaufen, sondern kann erstmal auf Ebay

Kleinanzeigen oder bei Paul Camper nachsehen, ob es ein Modell gibt, das einem gefällt und dieses mieten. Wir haben so unsere Liebe für Dachzelte entdeckt und deswegen bin ich der Meinung, dass „einfach machen“ der beste Weg ist, die Welt da draußen kennenzulernen und neue Dinge auszuprobieren.

TIPP:
Man kann sich Camper, Dachzelte, Wohnwagen etc. sehr gut über eBay Kleinanzeigen ausleihen, oder über *www.paulcamper.de*.

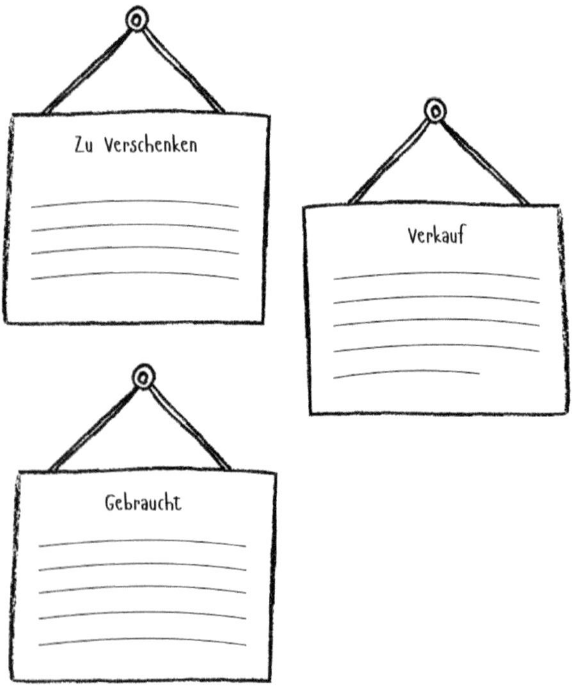

Was wir von unseren Kindern auf Reisen gelernt haben

Wir stehen in Schweden an unserem Platz am See und ich habe einen Kloß im Hals. So sehr haben wir uns auf diese gemeinsame Zeit hier gefreut und dabei nicht eine Minute daran gedacht, ob das eigentlich wirklich etwas für unsere Kinder ist. Ob sie das genauso cool finden würden, wie wir. Sich einfach frei irgendwo hinzustellen und tagelang damit verbringen, Feuer zu machen, im See zu schwimmen und nichts zu tun. Unsere Kinder sind in einer Großstadt aufgewachsen und kennen dieses langsame Leben in der Natur nicht. Das heißt natürlich nicht, dass sie es nie kennenlernen sollten oder gar mögen würden. Wir haben durch viele unserer Trips gelernt, dass sie das Bedürfnis haben, ab und an andere Kinder in Urlauben zu treffen. Dass sie es langweilig finden, immer nur an einem Platz zu sein und dass es ihnen am Ende des Tages trotzdem reicht, wenn wir als Familie zusammen waren, obwohl nicht alles perfekt war. Wir haben gelernt, dass sie keine riesigen Campingplätze mit fünf Pools, Miniclub und so weiter brauchen, sich jedoch trotzdem über eine kleine Schaukel oder einen Sandkasten freuen. Ich habe das Gefühl, dass ihnen so etwas auf Reisen oft die Sicherheit von zu Hause gibt.

Wenn man sich die Zeit nimmt und sich aktiv auf seine Kinder einlässt, was im Alltag oft zu kurz kommt, kann man so unglaublich viel von ihnen lernen. Ich liebe es, sie auf Reisen zu beobachten. Wie sie unbeschwert und barfuß um unseren Minicamper laufen und singen. Auch wenn wir uns gegen wildes Camping entschieden haben, beobachte ich wie frei sie auf Reisen sind und möchte mir gerne eine Scheibe abschneiden. Ihre Ausgelassenheit steckt an. Nachdem wir ein paar Tage unterwegs sind, nehmen wir oft noch mehr, als sonst, ihre Sicht der Dinge an und es fühlt sich so viel leichter an.

Alles in Allem

Camping ist wie ein Virus, passt man einmal nicht auf, ist man direkt infiziert. Im Gegensatz zu einem Virus fesselt das Campen einen nicht ans Bett oder Sofa, sondern treibt die Menschen nach draußen an die frische Luft und ins Abenteuer. Bis heute bin ich Arne dankbar, dass er nicht lockergelassen hat und mich immer wieder förmlich anbettelte, mit ihm auf einen Zeltplatz zu fahren. Es war ein langer Weg voller Kompromisse und Hindernisse und trotzdem blicke ich auf jeden kurzen oder langen Trip mit einem so guten Gefühl zurück, dass ich direkt wieder Lust bekomme, loszufahren. Mit einem Auto voller Kinder, einem Zelt auf dem Dach und einer kleinen Buschbüchse hintendran. Und wenn es nur eine Nacht ist, die ich in meinem kleinen Camping-Kosmos verbringe.

In den letzten Jahren lernte ich, dass Zelten nicht gleich Zelten ist. Dass jede Person etwas anderes darunter versteht und etwas anderes braucht, um sich dabei wohlzufühlen. Sei es ein weicher Sessel und ein Teppich, um einfach entspannen zu können und den Alltag zu vergessen. Sei es der Geruch eines Lagerfeuers, der noch stunden- oder tagelang im Schlafsack haften bleibt oder sei es ein Spielplatz voller Kinder.

Am Ende kann ich nur davon berichten, wie es uns erging und was wir seit unserer kleinen verkorksten Schwedenreise mitgenommen haben, damit wir auf unseren Reisen glücklich sind. Reisen, die alle nur kleine Teile einer großen Reise sind, die hoffentlich so bald kein Ende nimmt. Denn mit jeder Tour, egal wie kurz oder lang, schreiben wir ein neues Kapitel in unser persönliches Campingtagebuch. Wir lernen immer etwas Neues dazu und auch uns selbst besser kennen. Wir beobachten die Kinder, wie sie auf jeder Reise ein wenig wachsen, uns ein wenig entgleiten und dann doch wieder zurückkommen, sich an uns kuscheln und vor dem Einschlafen noch einmal kurz mit uns in den Himmel blicken. Keinen Moment, den wir bisher erlebt haben, gab es auch Streit oder Ärger, möchte ich vermissen, denn jeder dieser Momente ist einer, den wir gemeinsam als Familie, gemeinsam als Mutter und Sohn, als Vater und Tochter und gemeinsam als Paar verbracht haben. Die Liste an Dingen, die man auf seinen Campingausflügen mitnehmen kann, mag unendlich lang sein, aber die Dinge, auf die es wirklich ankommt, hat man immer bei sich. Egal, ob man mit einem Dachzelt unterwegs ist, in einem Van, mit dem Wohnwagen oder Wohnmobil oder mit einem kleinen süßen Wurfzelt und hoffentlich keinen Schnecken im Schlafsack. Die Enge der Unterkunft multipliziert mit der schieren Unendlichkeit der Möglichkeiten, ergibt eine Gleichung, die für mich im Ergebnis das Ausbrechen aus dem Alltag möglich macht.

Abschließend kann ich nur sagen: Fahrt los und probiert euch aus. Lasst euch von kleinen Misserfolgen nicht entmutigen, nehmt die Erfahrungen für das nächste Mal mit. Erwartet keine Extravaganz und löst euch von den Bildern und Erfahrungen anderer. Erlebt eure eigenen kleinen Abenteuer und genießt die Zeit zusammen als Familie.

Camping ist wie ein Virus, ist man selbst infiziert und passt nicht auf, steckt man ganz schnell den Nächsten damit an.

DANKE

Arne, für deine Unterstützung bei diesem Buch, auf Reisen und in unserem Leben.